Robert Prosiegel · Klarheit? Brauch' ich das?

Klarheit? Brauch' ich das?

Robert Prosiegel

Bibliografische Information der Deutschen Nationalbibliothek:
Die Deutsche Nationalbibliothek verzeichnet diese Publikation in der Deutschen
Nationalbibliografie; detaillierte bibliografische Daten sind im Internet über
http://dnb.d-nb.de abrufbar.

Herstellung und Verlag:
BoD – Books on Demand, Norderstedt
Covergestaltung: Regina Fischer-Jech
Fotos: Ralf Loos, Ursula Scholz

Dieser Titel ist auch als E-Book erhältlich.

ISBN 978-3-7481-6820-1

Für alle Menschen, denen das Wohl
der Schöpfung am Herzen liegt

Inhaltsverzeichnis

Ein Wort vorab

Haben Sie beim Kauf eines Autos schon einmal darüber nachgedacht, dass alle Rohstoffe für dessen Herstellung von unserer Erde kommen? Die Erde spendiert Eisenerz für die Metallteile, Erdöl für die Kunststoffteile und Sand für die Glasteile. Die Erde schenkt uns großzügig ihre Ressourcen, nicht nur für ein neues Auto. Sie sichert in jeder Hinsicht unsere Lebensgrundlagen.

Und auch Sie, liebe Leserinnen und Leser, bestehen aus Rohstoffen, aus natürlich vorkommenden Baustoffen: Von der ersten Zellteilung im Mutterleib an konnten Sie bis zu Ihrer Geburt nur heranreifen, weil Ihre Mutter Nahrung und Flüssigkeit zu sich genommen hat. Solange Sie atmen, werden sich Ihre Zellen erneuern, aber nur dann, wenn Sie essen und trinken. Mit allem, was Sie zu sich nehmen, erschaffen Sie folglich die Lebensbedingungen für Ihren Organismus.

Wenn Sie eine Kartoffel essen, dann wächst diese vorher auf einem Acker – der Bestandteil der Erde ist. Kartoffeln oder Brot, Fleisch oder Gemüse,

9

Schokolade oder Kaffee: Ohne Nahrung wären wir in kürzester Zeit am Ende, denn jede Zelle unseres Körpers benötigt Versorgung. Und doch essen wir meistens gedankenlos, es ist selbstverständlich für uns, dass alles jederzeit zur Verfügung steht. Wir leben einen nie da gewesenen Konsumrausch - und räkeln uns gleichzeitig mollig in einer Art Konsumschlaf. Die Schläfer sind allgegenwärtig in Gesellschaft, Politik, Industrie und Wirtschaft. Sie schließen lieber die Augen, anstatt hinzusehen und zu handeln.

Nach uns die Sintflut? Nein, denn immer mehr Menschen wachen auf und werden sich bewusst, dass es so nicht weitergeht. Sie erkennen, dass es allerhöchste Zeit ist, das nimmersatte Nehmen zu stoppen und mit dem Zurückgeben zu beginnen. Sie denken an die nächsten Generationen, an ihre Kinder und Enkel, denen sie einen lebenswerten Planeten hinterlassen möchten.

Noch können wir im Wald spazieren gehen, durch die herrliche Natur der Berge wandern, in Seen baden und gute Luft atmen. Wie lange noch? Lange war die Erde geduldig, lange hat sie den Raubbau ertragen, den wir Menschen ihr zumuten. Aktuell erleben wir, dass sich die Erde wehrt. Dies spiegelt sich für uns alle erlebbar im Klimawandel: Wetterextreme und deren Folgen, wie zum Beispiel Dürren, Wirbelstürme, sintflutartige Regenfälle mit Überschwemmungen, Schneekatastrophen, Murenabgänge, Abschmelzen der Gletscher warnen uns, dass das Maß endgültig voll ist. Und was passiert als Nächstes?

Ja, aber ... Sie suchen die Schuldigen in Politik, Wirtschaft und Industrie? Sie sind der Meinung, dass zuerst die Autokonzerne, die Discounter, die Pharmaindustrie umdenken müssten? Sie glauben, dass es nichts bringt, wenn Sie als „kleines Würstchen" aktiv werden?

Sie täuschen sich! Auch Sie können ihren Beitrag leisten. Wir alle sind jetzt, heute, sofort und auf der Stelle aufgefordert, das Ruder herumzureißen. Dabei ist jede kleinste Bemühung in die richtige Richtung wichtig und wertvoll.

Der eine wartet, dass die Zeit
sich wandelt, der andere packt
sie an und handelt.

(Dante Alighieri)

Mit meinem Buch folge ich meiner inneren Stimme, denn ich will nicht länger zusehen und warten, sondern handeln.

Mein Buch möchte Sie dabei unterstützen, Ihnen Impulse geben, Sie motivieren: Zwei unterschiedliche Themenblöcke zeigen die Zusammenhänge zwischen Körper, Geist und Seele auf. Sie münden in einen Workbook-Teil, der Ihnen mit gezielten Fragen mehr persönliche Klarheit darüber verschafft, wo in Ihrem Leben Veränderung möglich ist. An einigen Stellen des Buches finden Sie meine Originaltexte, sie sind aus meinem Gedankenfluss heraus entstanden. Diese Texte standen ganz am Anfang, weit bevor ich die Idee hatte, ein Buch zu schreiben, sie sind direkt aus meinem Herzen gekommen. Deshalb ist es mir wichtig, sie als Ausdruck meiner Authentizität ins Buch einzugliedern.

Meine Vision ist es, dass immer mehr Menschen aufwachen. Und dass Sie, liebe Leserin und lieber Leser, dazu gehören! Denn Sie wissen ja: Ein Kieselstein fällt in den See, er zieht dort große Kreise ...

Einleitung - Wie Sie ein Fundament der Fülle erschaffen

Alles beginnt innen

Es gibt Tage, da wäre man besser im Bett geblieben, weil alles schief geht. Es gibt Tage, da hängt man durch. Und es gibt Tage, da möchte man am liebsten den Kopf in den Sand stecken. Kennen Sie das auch?

„Unter jedem Dach ein Ach", so weiß es der Volksmund. Sicher ist: Bei niemandem läuft es immer glatt, jeder hat Tiefpunkte, schwere Zeiten, Krisen. Aber meistens überwinden wir sie, rappeln uns auf und können die Sonnenseiten des Lebens wieder genießen. Manchen Menschen gelingt dies schneller als anderen. Wie schaffen sie das nur? Worin liegt ihr Geheimnis?

Bereits mit dem Aufwachen stellen Sie die Weichen, wie Ihr Tag sich gestalten wird. Ihre persönliche Brille drückt diesem Tag seinen Stempel auf!

Wenn Sie die Vorhänge aufziehen und den strömenden Regen vor dem Fenster negativ bewerten, dann setzen Sie damit das erste Minus. Wenn Sie beim Duschen kurz danach das Wasser kalt erwischt, der erste Schluck Kaffee Sie fast verbrüht und Ihnen der Bus vor der Nase wegfährt - dann ist der Tag eigentlich schon gelaufen. Ihre

Aufmerksamkeit folgt dem Negativen, so wie die Sonnenblume im Tagesverlauf der Sonne folgt.

Ruckzuck haben Sie einige Minuspunkte gesammelt, die sich in Ihnen summieren. Dem Tag selbst ist es völlig egal, wie Sie ihm begegnen. Es sind Ihr Blickwinkel und Ihre Haltung, Ihre Brille also, die ihn bewerten. Es gilt: Je mehr Mangel Sie mit Ihrer Haltung erzeugen, desto negativer Ihr Blickwinkel.

Sie denken und fühlen. Die Qualität Ihrer inneren Einstellung tragen Sie vor sich her. Diese wird gesehen, gerochen, gespürt. Andere reagieren darauf und begegnen Ihnen entsprechend. Sie sind also in gewisser Weise Schöpfer Ihrer eigenen Erlebniswelt.

Dabei könnte es viel, viel öfter wie geschmiert laufen! Denn umgekehrt funktioniert es natürlich ebenso: Je mehr Pluspunkte Sie sammeln, desto positiver Ihr Tag, desto mehr *Fülle* erleben Sie.

Wie fühlen Sie sich, wenn Sie gut geschlafen haben? Wie geht es Ihnen, wenn beim Aufziehen der Vorhänge die Sonne lacht und Sie Bäume ausreißen könnten vor Tatendrang? Sie nehmen vermutlich Ihre erste Tasse mit duftendem Kaffee viel intensiver wahr, die beschwingte Musik aus dem Radio beflügelt Sie. Und mit ziemlicher Sicherheit starten Sie gut gelaunt, vielleicht sogar fröhlich oder pfeifend in den Tag!

Eine positive Grundhaltung und gute Gefühle bringen kein unmittelbares Resultat, wie etwa mehr Geld auf dem Konto. Zunächst haben sie keinen messbaren Vorteil. Beide wirken leise, dafür strahlen sie weiter und nachhaltiger in alle Lebensbereiche aus. Sie lösen über kurz oder lang eine Kettenreaktion, einen Dominoeffekt aus, den Sie spüren und erleben werden.

Angenommen, Sie sind krank.
Angenommen, Sie haben zu viele Kilos auf den Rippen.
Angenommen, Sie rauchen oder trinken zu viel.
Angenommen, Sie sind süchtig nach Ihrem Smart Phone,
Ihrem Computer, Ihrem Fernseher.

In diesen und vielen weiteren Situationen haben Sie genau zwei Möglichkeiten, damit umzugehen:

1. Sie ergeben sich dem Umstand und sehen sich als Opfer. Alle anderen sind schuld an Ihrem Zustand. Der übliche Spruch dazu: „Da kann (will) man (ich) nichts machen." Denn wer nicht will, findet Gründe ...

2. ... doch wer will, findet Wege! Sie erkennen, dass Sie Schöpfer Ihrer Realität sind und übernehmen Verantwortung für sich. Wenn Sie sich klar darüber sind und wissen, dass nur Sie die Situation verändern können, wenn Sie 0,0 Prozent Angst vor der Situation haben und zusätzlich 1.000 Prozent Zuversicht mitbringen, dann lassen Sie alle Grenzen hinter sich. Begrenzungen, die Sie sich bis zu diesem Zeitpunkt selbst auferlegt, Mauern, die Sie selbst errichtet haben. Ihre innere Haltung ist entscheidend! Der Glaube versetzt also tatsächlich Berge, dafür gibt es zahllose Beispiele. Können auch Sie ein Lied davon singen - so wie ich?

Unser Körper: Ein Wunder der Schöpfung

Der menschliche Körper ist ein Wunder, für das die Natur sich mächtig ins Zeug gelegt hat. Im Verlauf von 3,8 Milliarden Jahren hat die Evolution einen unendlich komplexen, perfekten Organismus aufgebaut. Aus unzähligen kleinsten Teilen entstanden die Strukturen, die unser heutiges Leben ermöglichen.

Dass der Erwachsene bis zu 32 Zähne hat, das wissen wir alle. Aber ist Ihnen klar, wie viele Billionen Zellen Ihr Körper hat? Wie viele Quadratmeter Oberfläche Ihr Verdauungssystem aufweist? Und wie phantastisch alle Funktionen und Abläufe ineinandergreifen? Holt man sich zu solchen Fragen Informationen ein, dann kommt man aus dem Staunen nicht mehr heraus.

Ihre kleine Zehe, Ihr Zahnfleisch, Ihre Milz: Alles ist wie selbstverständlich „dran und drin". Wir nehmen in der Regel keine Notiz von unseren Körperteilen, solange alles reibungslos funktioniert. Erst wenn ein Hühnerauge sich bemerkbar macht oder das Zahnfleisch entzündet ist, dann sind wir alarmiert: Hoppla, da stimmt etwas nicht!

Dabei gibt es ein Allheilmittel für viele Volkskrankheiten, die uns heutzutage zu schaffen machen: Unsere Ernährung.

Je hochwertiger, gesünder und naturbelassener Sie sich ernähren, desto mehr Energie führen Sie sich zu. Damit funktioniert Ihr Körper einfach besser. Er ist weniger anfällig für Krankheiten oder Stress. Und wieder werden Sie zum Schöpfer: Sie selbst entscheiden darüber, welchen Treibstoff Sie zu sich nehmen, auf welchen Touren Ihre „Supermaschine Körper" läuft.

Ist Ihr Fundament solide oder bauen Sie auf Sand?

Sie wünschen sich sicher, dass Ihr Fundament auf Dauer stabil ist und Ihren Körper, Ihren Geist und Ihre Seele zuverlässig trägt! Was aber, wenn die Basis eines gelungenen Lebens, Ihre Nahrung, Sie nicht nährt,

sondern nur sättigt? Was dies für die Verfassung Ihres Körpers, für die Entwicklung Ihrer Persönlichkeit bedeutet, soll das folgende Beispiel deutlich machen:

> *Stellen Sie sich einen Maurer vor, der gerade Beton oder Zement anrührt. Sie beobachten ihn dabei, wie er ganz bewusst minderwertige Werkstoffe in die Mischtrommel kippt. Sie wissen, dass er damit eine Brücke oder eine Mauer baut. Beides kann so unmöglich dauerhaft stabil sein! Wie reagieren Sie? Was denken Sie? Sprechen Sie ihn an? Zement oder Beton stehen in diesem Beispiel sinnbildlich für unsere Nahrung, die Mischtrommel sind Sie selbst ...*

Ihr persönliches Fundament der Fülle entsteht, wenn die drei Säulen Körper, Geist und Seele harmonisch zusammenspielen. Dies führt automatisch zu mehr Qualität in Ihrem gesamten Leben. Ihre innere Klarheit wächst, Sie sind bereit für die nächste Stufe: Ein höheres Bewusstsein.

Respekt vor der Schöpfung - Ernährung im Gleichgewicht

Man muss seinem Körper etwas
bieten, damit die Seele Lust hat,
drin zu wohnen.

(Kalenderspruch)

Das menschliche Herz schlägt zirka 100.000 Mal am Tag, mehr als 17.000 Mal täglich atmen wir ein und aus und ebenso oft blinzeln wir. In unserem Körper laufen ganz automatisch hunderte von Funktionen ab, ganz ohne unser Zutun. Wie dankbar sind Sie Ihrem Körper dafür, dass er tagtäglich, Jahr um Jahr meisterhaft seine Aufgaben erfüllt? Ist es nicht längst an der Zeit, dass Sie sich bei Ihrem Körper bedanken? Nicht einmal, nicht zweimal, am besten täglich, so oft wie möglich?

Damit unser Körper seine komplexen Prozesse am Laufen halten kann, benötigt er Energie. Ist Ihnen bewusst, dass die Qualität dieser Energie von zentraler Bedeutung ist? Dass eine hohe Qualität bei der Auswahl Ihrer Lebensmittel dazu beiträgt, Stoffwechsel und Körperfunktionen zu verbessern?

Nehmen wir billige Nahrungsmittel zu uns – Nahrungsmittel, die billig produziert, in Massen verkauft und konsumiert werden – dann führen wir uns minderwertige Energie zu. Der Treibstoff ist also „gepanscht". Mit diesen minderwertigen Lebensmitteln auf unseren Tellern muss unser Körper anschließend fertig werden. Soll unsere Körperintelligenz doch schauen, wie sie damit zurechtkommt! Wie lange noch wird sie unser Desinteresse, unser mangelndes Bewusstsein ausgleichen?

Sollten Sie einen Vorgesetzten haben, der am laufenden Band
Fehler macht, für die Sie geradestehen müssen, dann wissen

Sie, was dies bedeutet: Irgendwann reißt Ihr Geduldsfaden,
es kommt zum Konflikt. Sie sehen nicht mehr ein, warum
Sie ausbaden sollen, was Ihr Chef verbockt hat. Und dann
geht's rund ...

Stellen Sie Ihrem Körper hingegen wertvolle Mittel zum Leben zur Verfügung, Nahrungsmittel, die in einem optimalen Umfeld so naturbelassen wie möglich erzeugt wurden, dann stärken Sie mit dieser Hochwertigkeit jede Zelle und damit den Körper insgesamt. Wenn Sie Ihren Körper hegen und pflegen, dann schaffen Sie die besten Voraussetzungen für geistiges und seelisches Wohlbefinden – und ganz nebenbei steigt Ihr Genussfaktor!

Ist Ihnen bewusst, dass Sie selbst Chef Ihres Bewusstseins sind? Dass Sie außerdem alleiniger Meister Ihres Körperuniversums sind, in dem unendlich viele Zusammenhänge, Regelkreise und Abhängigkeiten so wundervoll ineinandergreifen?

Wenn Sie sich in den Finger schneiden, dann schließt sich
die Wunde wie durch ein Wunder wieder. Ihre Körperintelli-
genz gibt dazu den Auftrag. Die Lebensmittel, die Sie zu sich
nehmen, entscheiden mit darüber, ob bei der Reparaturmaß-
nahme nun der Turbo eingeschaltet wird oder der Auftrag auf
Wiedervorlage gelegt wird – weil intern so viel Dringlicheres
zur Bearbeitung ansteht.

Je hochwertiger Ihre Nahrung, desto leistungsfähiger ist jede einzelne Zelle Ihres Organismus. Sie haben die Wahl! Und Sie haben die Freiheit, eine bewusste Entscheidung zu treffen: Wie wichtig ist Ihnen die optimale Versorgung Ihrer inneren Wunderwelt?

Genuss mit allen Sinnen

Bewusster Genuss ist eine Verneigung vor der Schöpfung in all ihren Facetten: Wir gehen auf in unserer Lieblingsmusik oder sind berührt von der Schönheit eines Gemäldes. Eine attraktive Frau zieht unseren Blick

Unser Körper –
unser Bewusstsein
Zwei oder Eins?

Wieviele Billionen Zellen hat unser Körper? Wieviele Quadratmeter Oberfläche hat unser Verdauungssystem? Wieviele Zähne haben wir? Diese Fragen füllen ganze Bücher. Wann haben Sie zuletzt an Ihre kleine Zehe gedacht? Vermutlich beim letzten Hühnerauge. Wann haben Sie an Ihr Zahnfleisch gedacht? Eventuell, als es entzündet war. Ist es notwendig, nur an unsere Körperteile zu denken, wenn etwas nicht stimmt?

Der Tag hat 24 Stunden. Wieviele Minuten davon widmen Sie Ihrem Körper oder denken Sie an ihn? Jeden Tag sehen wir schöne Häuser, schöne Autos, schöne Frauen oder Männer. Sehen Sie die Schönheit Ihres Körpers oder auch nur die von einzelnen Teilen? In unserem Körper laufen hunderte Funktionen ab, ohne dass wir darüber nachdenken oder sie bewusst steuern. Wie dankbar sind Sie Ihrem Körper dafür?

Um all diese Aufgaben zu erfüllen, braucht unser Körper Energie. Ist Ihnen bewusst, dass die Qualität dieser Energie, die Sie Ihrem Körper zuführen, maßgeblich ist? Also, welche Mittel zum Leben Sie zuführen? Wollen Sie diesen Unterhalt möglichst 'billig' gestalten? Also billige Energie zuführen und der Körper, also Ihr Körper, soll schauen, wie er dann zurechtkommt? Wie lange wird Ihr Körper das mitmachen?

Ganz anders, wenn Sie Ihren Körper liebevoll betrachten. Immer wieder während des Tages mit Ihrem Bewusstsein im Körper sind, ja, sich bei den einzelnen Körperteilen bedanken und die unglaubliche Leistung dieses wunderbaren Organismus wertschätzen. Sie stellen ihm wertvolle 'Mittel zum Leben' zur Verfügung und schaffen dadurch auch noch ein optimales Umfeld, sprich Natur. Sind Sie sich das selbst wert?

Je öfter wir Körper und Bewusstsein vereinen, desto öfter genießen wir die Freiheit, selbst darüber nachzudenken und eine Entscheidung zu treffen. Wollen Sie das?

Klarheit? Brauch´ ich das?
Dokumente aus dem Gedankenfluss

an, der trainierte Sixpack eines Mannes begeistert uns. Wir räkeln uns am Sonntag wohlig im Bett und genießen es, uns noch einmal umdrehen zu dürfen. Wir bewundern die Natur in ihrer Vollkommenheit: Die letzten Sonnenstrahlen des Tages auf unserem Gesicht oder warmer Regen auf unserer Haut, ein romantisches Schneegestöber, das sind pure Genussmomente!

Genießen ist definiert als das bewusste Wahrnehmen von Sinneseindrücken, die als angenehm oder schön erlebt werden. Genuss löst Gefühle des Wohlbehagens und der Freude im Menschen aus.

Die neue Ess-Klasse: Genuss ohne Reue?

Essen und Trinken sind menschliche Grundbedürfnisse, die eng mit dem Thema Genuss verknüpft sind. Wir erleben heute extreme Gegensätze, wie Menschen sich ernähren: paleo, vegan, mit Rohkost oder frugan – die aktuellen Trends bei Ernährungsformen sind vielfältig wie nie zuvor.[1]

Aber auch beim Genussfaktor scheiden sich die Geister: Für die einen ist es die „To-Go-Kultur", für die anderen ein Kochvergnügen am Herd, das zelebriert wird. Der Unterschied zwischen diesen beiden Gegensätzen ist jedoch: Das Genießen im „To-Go-Stil" befriedigt nur wenig, der Wohlfühlfaktor hält nicht lange an.

Ganz anders bei einer Mahlzeit, die mit Hingabe, Muße und Aufmerksamkeit zubereitet wurde! Glück macht sich in uns breit, begleitet von einem genussvollen „Hmmmm...". Nahezu ideal wird dieses Erlebnis für Koch und Gäste, wenn die Zutaten so naturnah wie möglich sind. Denn der Genussfaktor ist um ein Vielfaches höher, wenn die Qualität stimmt: Nach dem Genuss eines abgelagerten, perfekt zubereiteten Steaks (oder anderer hochwertiger Lebensmittel) steigt unser Wohlbefinden an, das belegen Umfragen[2] [3]. Das Optimum in puncto Nachhaltigkeit und Regionalität ist erreicht, wenn dabei die klein strukturierte Landwirtschaft profitiert.

Viele Menschen genießen heutzutage beruhigter und intensiver, wenn sie ein Stück „glückliches Rind" oder ein „glückliches Huhn" auf Ihrem Teller haben, weil sie sicher sind, dass es artgerecht gehalten wurde. Wenn sie wissen, woher das Tier kommt. Und wie geht es Ihnen?

Steigert es wirklich Ihre Genussfreude, wenn Fleisch viele hundert Kilometer transportiert wird, bevor es auf Ihrem Teller landet? Wenn Rinder, Schweine oder Geflügel mit Antibiotika und anderen Medikamenten vollgepumpt werden? Oder Tiere eine hohe Konzentration von Stresshormonen aufweisen, weil sie unter unwürdigen Bedingungen gehalten werden? Was all dies für die Fleischqualität bedeutet, erklärt sich von selbst. So verhält es sich auch mit vielen anderen Lebensmitteln: Wird unsere Ess-Freude wirklich größer, wenn wir eine lange Liste mit künstlichen Aromastoffen und Geschmacksverstärkern lesen? Denn ganz abgesehen vom fehlenden Genuss wissen wir nicht sicher, was solche Zutaten in unserem Körper bewirken. Wohl aber wissen wir, dass unsere hoch komplexe Körperintelligenz an einen „Point of no Return" gelangen kann. Obwohl sie uns immer wieder viele Fehler verzeiht, kann es zur Krise mit mehr oder weniger fatalen Folgen kommen.

Die weitaus gesünderen, respektvolleren Möglichkeiten haben Sie in der Hand: Setzen Sie auf Genuss und lang anhaltende Ess-Zufriedenheit, entscheiden Sie sich für natürliche Zutaten in hoher Vielfältigkeit und Qualität. Verankern Sie in Ihrem Bewusstsein, dass eine Win-win-Situation für Mensch, Tier und Natur nur entsteht, wenn alle profitieren. Sie haben die Wahl!

Unser täglich Brot

> Wahre Liebe für die Mittel zum Leben führt zu ursprünglicher Selbstbestimmtheit und verleiht der Gemeinschaft Macht zur Fülle in Vollkommenheit.
>
> *(Robert Prosiegel)*

Wir essen mehrmals täglich. Wir essen, weil wir Hunger haben, weil es gerade an der Zeit ist, weil wir Appetit auf etwas haben, weil uns etwas anlacht. Wir Mitteleuropäer verfügen über ein Lebensmittelangebot, das so groß ist wie nie zuvor in der Menschheitsgeschichte. Lebensmittel sind allgegenwärtig. Sie wollen uns verführen, uns beispielsweise mit Sonderangeboten in die „Konsumtempel" locken.

Ganz egal, wo wir essen, wie schnell oder langsam, wie „billig" oder gehaltvoll, ob mit Genuss oder nebenbei: Die Nahrung nimmt in unserem Körper immer den gleichen Weg: Im Mund wird sie zerkleinert und eingespeichelt. Nachdem sie die Speiseröhre passiert hat, gelangt sie in den Magen. Dort wirkt die Magensäure. Im Zwölffingerdarm wird die Gallenflüssigkeit ausgeschüttet. Danach gelangt der Speisebrei in den Dünndarm. Im Dickdarm wird ihm Flüssigkeit entzogen. Schließlich verlässt der verdaute Speisebrei den Körper.

Aber ist dieser mechanische Vorgang wirklich alles? Oder passiert während des Verdauungsprozesses mehr? Gibt es Aspekte, die wir uns selten bewusst machen?

Würde der Speisebrei unkontrolliert durch unseren Verdauungstrakt rutschen, dann könnten wir daran auch sterben.

> *Denken Sie an ein Pilzgericht, in dem sich ein Giftpilz befindet! Unser Körper reagiert zum Glück auf giftige Pilze mit körperlichen Symptomen wie Übelkeit, Krämpfen oder Erbrechen: Ein geniales Frühwarnsystem zu unserem Schutz wird aktiviert.*

Unser täglich Brot

Jeder Mensch isst täglich und das üblicherweise mehrmals. Er isst, weil er Hunger hat, weil es gerade Zeit ist oder weil er etwas sieht oder riecht, worauf er in dem Moment Lust hat.

Für uns Mitteleuropäer ist das Angebot so groß wie noch nie in der Menschheitsgeschichte. Speisen sind allgegenwärtig und dienen auch dazu, mit Sonderangeboten die Menschen in die 'Konsumtempel' zu locken. Egal, wo wir was, wie schnell, wie 'billig' oder'teuer', mit Genuss oder nebenbei essen, all dies geht in unserem Körper den gleichen Weg. Im Mund wird die Speise vorzerkleinert und eingespeichelt. Nach der Speiseröhre gelangt sie in den Magen. Dort wirken verschiedene Säuren und die Gallenflüssigkeit. Danach geht der Speisebrei in den Dünndarm. Im Dickdarm wird die Flüssigkeit entzogen und dann verlässt der Speisebrei den Körper.

War das denn alles? Oder passiert da etwas, was wir uns selten bewusst machen? Wenn wir ein Pilzgericht essen und der Speisebrei nur mal so durchrutschen würde, könnten wir auch giftige Pilze essen. Wir wissen aber, dass wir an giftigen Pilzen sterben können. Also folgt daraus, dass der Speisebrei im Körper eine Wirkung hinterlässt. Weiter folgt daraus, dass es giftige, schädliche, neutrale und förderliche Speisen gibt.

Als Grundsatz gilt, je natürlicher Mittel zum Leben erzeugt werden, desto förderlicher sind sie. Ein Apfel von einem alten Baum, der nie gespritzt wurde, ist ein großartiges Beispiel. Oder das Brot, nach alter Tradition gebacken. Was ist aber mit den 'modernen' Sachen, die wir am Drive-in kaufen, oder mit der Soße aus der Tüte? Einen Vorteil haben diese modernen Sachen, sie sind nahezu unbegrenzt haltbar, sie sind jederzeit verfügbar und die Zubereitung geht schnell.

Was passiert aber mit dem Speisebrei, der aus diesen 'toten' Bestandteilen besteht? Wir Menschen haben eine Entwicklung hinter uns, die viele tausend Jahre gedauert hat. Im Laufe dieser Evolution hat es noch nie Lebensmittel gegeben, die so stark behandelt und verändert waren. Folglich erkennt unser Körper diese 'Sachen' als Fremdstoff, wehrt sich dagegen und scheidet sie aus oder lagert diese fremden Sachen mal irgendwo ab, denn vielleicht könnten sie ja noch für irgendwas gut sein. Wenn der Körper sich wehren muss, dann verbraucht er Energie, statt Energie zu bekommen. Die Gifte sammeln sich im Körper, statt entsorgt zu werden.

Ist es sinnvoll, unseren Körper zu entlasten, mit ihm liebevoll umzugehen, ihm die Arbeit zu erleichtern und ihn bei all den Funktionen, die er ohne unsere bewusste Unterstützung durchführt, beizustehen? Wie oft denken Sie daran?

Der direkte Einfluss unserer Ernährung hat auch noch eine indirekte Wirkung, die von außen auf uns wirkt. Wenn wir danach trachten, Lebensmittel möglichst 'billig' einzukaufen, üben wir dadurch Druck auf die Händler aus, diese üben Druck auf die Erzeuger aus. Die Erzeuger werden gezwungen, immer größere Mengen immer schneller mit immer mehr Maschinen herzustellen. Dadurch entsteht Druck auf die Tiere, die Pflanzen, den Boden, das Grundwasser und die Luft usw. Der Boden, das Grundwasser und die Luft sind aber unsere Lebensgrundlagen. Sehen Sie die Folgen von Ursache und Wirkung? Jeder von uns ist daran beteiligt. Wie entscheiden Sie sich beim Einkauf?

Klarheit? Brauch´ ich das?
Dokumente aus dem Gedankenfluss

Das bedeutet, dass unser System die Qualität der Nahrung erkennt. Es unterscheidet zwischen giftigen, schädlichen, neutralen und bekömmlichen Nahrungsmitteln. Dies lässt außerdem den Rückschluss zu, dass der Speisebrei im Körper eine Information hinterlässt. Unser Körper erkennt Fremdstoffe, gegen die er sich wehrt. Er scheidet sie aus oder deponiert sie im Körper, weil er sie nicht abbauen kann. Das schwächt unser Immunsystem. Schädliche Lebensmittel kosten uns also Energie, während wir mit bekömmlicher Nahrung Kraft und Vitalität tanken.

Der Mensch hat eine biologische Entwicklung durchlaufen, die viele tausend Jahre gedauert hat. Fakt ist: Unser Organismus kann sich zwar an äußere Bedingungen anpassen, innerlich tickt er jedoch noch wie damals.

Im Laufe der Evolution gab es noch nie Lebensmittel, die so stark behandelt und verändert waren wie heute. Fest steht: Je natürlicher die „Mittel" zum Leben erzeugt werden, je weniger künstliche Zusätze sie aufweisen, desto förderlicher sind sie. So wie der Apfel eines Baumes, der nie gespritzt oder das Brot, das nach alter Tradition gebacken wurde.

Moderne Lebensmittel sind zwar lange haltbar, sie sind überall und jederzeit verfügbar und können schnell zubereitet werden. Doch was passiert in uns, wenn wir Lebensmittel konsumieren, die aus „toten" Bausteinen bestehen? Wie wirken sich die beliebte Tütensoße, der Snack aus dem Drive-in oder überzuckerte Frühstückszerealien tatsächlich aus? Ist es wirklich sinnvoll, unseren Körper so zu belasten? Wäre es nicht respektvoller, ihn liebevoll zu behandeln? Ihn zu unterstützen bei allen Tätigkeiten, die er ohne unser Zutun leistet?

Was ist der Preis wert?

Zurück zum Thema „moderne Lebensmittel"! Diese wirken auch indirekt und viel weiter, als Sie glauben. Dabei zeigt sich das ganze Ausmaß erst auf den zweiten Blick. Kaufen wir Lebensmittel möglichst „billig" ein, dann entsteht enormer Druck: Wir zwingen Händler in eine Spirale aus

Dumpingpreisen und Dumpinglöhnen. Erzeuger sehen sich gezwungen, immer größere Mengen immer schneller, mit immer mehr Maschinen zu produzieren. Schließlich landet dieser Druck bei Tieren, Pflanzen, Böden, Grundwasser, Luft usw. – unseren Lebensgrundlagen.

Erkennen Sie die Zusammenhänge zwischen Ursache und Wirkung? Sind auch Sie an dieser Verkettung beteiligt? Wie entscheiden Sie sich bei Ihrem nächsten Einkauf?

Massentierhaltung: Frevel an der Schöpfung

> Man ist, was man isst. Die Erde
> hält uns den Spiegel vor: Sie ist
> so, wie wir sie behandeln.
>
> *(Robert Prosiegel)*

In der Massentierhaltung leben und sterben allein in Deutschland etwa 745 Millionen Tiere jährlich[4]. Der schockierende Vergleich: Die Europäische Union hatte Anfang 2018 zirka 513 Millionen Einwohner[5]. Medien und Tierschutzverbände versuchen regelmäßig, die Bevölkerung wachzurütteln, doch die katastrophalen Missstände bleiben. Eine Umkehr ist (noch) nicht in Sicht.

Die moderne Massentierhaltung ist Tierquälerei in Reinkultur. Sie bereitet den Tieren Schmerzen, verursacht Stress und immenses Leid. Die meisten Tiere werden grausam verstümmelt, um sie an die Haltungsformen anzupassen: Ihre Hörner, Ringelschwänze, Schnäbel und zum Teil auch ihre Zähne kürzt man ohne Betäubung. Wesentliche Grundbedürfnisse der Tiere werden ignoriert, sie dürfen nicht leben, wie die Natur es vorgesehen hat: Beton als Untergrund in drangvoller Enge anstatt Strohboden oder Freilandhaltung mit genügend Bewegungsfreiheit, vorgemischtes Fertigfutter anstelle von artgerechter Fütterung. Haltung und Futter verändern die Darmflora der Tiere, wodurch ihr Immunsystem deutlich anfälliger für Krankheiten wird. Um sie trotzdem leistungsfähig zu erhalten, werden ihnen präventiv und bei Bedarf Antibiotika verabreicht. Wir Menschen am Ende der Nahrungskette kaufen zuerst „billig" ein, doch am Ende bezahlen wir einen hohen Preis.

Solch ein Konsumverhalten hat zur Folge, dass auf unserem Tisch buchstäblich der größte Mist landet. Wir erwarten ein „Stück Lebenskraft" und bekommen Tierleid auf Tellern. Ist Ihnen klar, was das für Ihre Gesundheit bedeutet?

Im allgemeinen Sprachgebrauch verwenden wir den Begriff Mist als Synonym für Geraffel, Plunder, Schund oder Schrott. Wir bewerten das Wort negativ und meinen damit: Etwas ist mangelhaft. Dabei hat Mist als reales „Erzeugnis" eine durchweg positive Seite! Wenn Tiere auf Stroh gehalten werden, so wie es noch vor fünfzig Jahren gang und gäbe war, dann entsteht nach dem Misten des Stalles allmählich ein Misthaufen. Unter dem Mikroskop betrachtet erkennt man: Im Mist wimmelt es von Bakterien – und diese leisten wertvolle Arbeit. Die Generation unserer Großeltern wusste aus Tradition und Erfahrung: Wenn Mist als Dünger auf die Felder ausgebracht wird, dann verbessert sich damit die Bodenqualität entscheidend. Warum? Weil die im Stallmist enthaltenen Bakterien die Vermehrung der wichtigen Bodenbakterien fördern. Dies wiederum führt zu besserem Pflanzenwachstum und letztlich zu höheren Erträgen. In der Demeter-Landwirtschaft (dem ältesten und größten Bio-Anbauverband der Welt) gilt der Misthaufen als Herz der Landwirtschaft. Ja, dort gilt sogar der Grundsatz: Ohne Tiere und ohne Mist ist sinnvolle Landwirtschaft nicht möglich.

Welche Alternativen haben Landwirte, Metzger und Verbraucher?

Nur ein ganzheitliches Denken bei Landwirten, Metzgern und Verbrauchern kann diesen Teufelskreis unterbrechen.

Stellen Sie sich bitte vor, Sie müssten auf dem blanken Lattenrost Ihres Bettes schlafen! Geht gar nicht? Ihre Matratze ist Ihnen ein Bedürfnis? Das Gleiche sollte auch für Tiere gelten, die im Stall gehalten werden: Für sie ist Stroh als Unterlage unerlässlich. Doch nicht einmal diese

Minimalbedingung wird ihnen gewährt. Dabei verbessert diese einfache Maßnahme bereits ihr Darmklima und damit auch ihre Widerstandskraft. Besser noch ist Freilandhaltung, denn hier haben die Tiere Licht, frische Luft und Bewegung. Sowohl die Haltung auf Stroh als auch Freilandhaltung bedeuten zwar zunächst mehr Aufwand, doch der Erfolg ist frappierend: In kürzester Zeit sind die Tiere weniger übersäuert. Ihr Immunsystem ist stabiler, der Medikamentenverbrauch sinkt drastisch. Im Verkauf erzielt der Landwirt schließlich höhere Preise, denn das einzelne Tier kann „schwerer" gefüttert werden. Und damit stimmt auch die Qualität, denn das Fleisch ist ausgereift!

Als Aldi im Jahr 2001 Frischfleisch und Wurst in seine Verkaufspalette aufnahm, ahnte noch niemand, welche Folgen dieser Schritt haben könnte. Inzwischen kaufen nur noch zwanzig bis dreißig Prozent der Bevölkerung beim Metzger, der Rest bedient sich aus den Kühlregalen und Tiefkühltruhen der Supermärk-  te oder Discounter. Immer mehr Metzgereien schließen, es lohnt sich nicht mehr – und Nachwuchs ist Mangelware. Nur mit der klaren Abgrenzung zur Massentierhaltung können neue Kunden gewonnen werden. Zum Glück werden ganzheitlich denkende Käufer immer mehr. Ihnen sind Qualität und Gesundheit wichtig. Eben diese Konsumenten können durch Marketingmaßnahmen und gezielte Informationen gewonnen werden.

Für uns Verbraucher ist es einfach, einen Beitrag zum Tierwohl zu leisten. Wir können bereits viel tun, wenn wir Fleisch in Bioqualität kaufen. Doch die nackten Zahlen in Deutschland belegen: Der Marktanteil von Biofleisch lag 2016 bei nur etwa 3,4 Prozent[6]. Allen moralischen und ethischen Gelöbnissen zum Trotz zeigt uns diese Statistik eines sehr deutlich: *Der Geist ist willig, aber das Fleisch ist schwach!*

Wer wird die Suppe auslöffeln ...

... die wir uns in den letzten Jahrzehnten eingebrockt haben? Gibt es Denkansätze und Lösungen für all die bedrückenden Themen, die ich in Teil 1 meines Buches geschildert habe?

Zuerst eine große Bitte: Verzichten wir doch im zweiten Teil meines Buches alle ganz bewusst darauf, vorwurfsvoll mit dem Finger auf die Anderen zu zeigen! Die Anderen, die bitteschön zuerst mit einer Veränderung beginnen sollen. Wenn Sie mit einem Finger auf die Anderen zeigen, zeigen drei Finger auf Sie selbst und: Die Anderen denken genauso! Wenn niemand einen ersten Schritt tut, dann ändert sich nichts, so viel ist klar. Dies wäre in meinen Augen ein fataler Fehler und zudem ein völlig unkreativer Denkansatz. Viel ist bereits gewonnen, wenn jeder bei sich bleibt und Verantwortung übernimmt, und zu eben dieser Haltung möchte ich Sie auf den folgenden Seiten einladen.

Sollten Sie bei der Lektüre Appetit bekommen, dann finden Sie im Anschluss das Rezept für eine herrliche klare Brühe! Eine heiße Brühe wärmt von innen, macht glücklich und nährt: In diesem Satz steckt vieles! Von innen wärmt sie erstmal offensichtlich, weil sie heiß ist. Aber wirklich von innen wärmen vor allem die Inhaltsstoffe. Wer hier auf die Grundzutaten und die Gewürze achtet, der kann so einiges erreichen.

Glücklich macht so eine Brühe durch vielerlei: Zum einen macht die Wärme von innen glücklich, wie oben schon erwähnt. Zum anderen können aber auch die Umstände, die zu einer Brühe führen, durchaus glücklich machen! Warum?

Nichts sinnlos wegzuschmeißen macht glücklich, wie etwa die Köpfe und Gräten eines Fisches. Genauso die Schalen und Überbleibsel von Gemüse: Sie machen glücklich, da sie als sinnvoll und wertvoll geschätzt werden und nicht nur als Abfall dienen. Zusammensitzen mit Freunden und Familie macht glücklich. Bei einem besonderen Anlass in der Familie wird oft zu Beginn gemeinsam eine Suppe gegessen.

Ist der Preis etwas wert?

Unser Leben wird aktuell sehr stark vom Preis dominiert. Die Zahl der Menschen, die über so viele finanzielle Mittel verfügen, dass ein Preis, egal wie hoch, keine Rolle spielt, bewegt sich wahrscheinlich im einstelligen Prozentbereich. Wie sieht es aber aus, wenn es um den Wert geht?

Sind Preis und Wert etwas Unterschiedliches? Nehmen wir als Beispiel eine Flasche Wasser: Im Supermarkt ist der Preis, je nach Größe und Marke, zwischen ca. 50 Cent und 2 Euro.

Und der Wert der Flasche Wasser? Der wird sichtbar, wenn ein Mensch in der Wüste am Verdursten ist - da ist der Wert hoch.

Oder der Regen nach einer Trockenphase. Auch hier ist der Wert sehr groß! Genau wie der Wind für ein Segelschiff, die Sonne mit ihrer Wärme und Energie für das Wachstum der Pflanzen, die Zellerneuerung unseres Körpers, der Hauch des Lebens, Liebe, Vertrauen, Dankbarkeit: Alles Geschenke, die einen Wert haben.

Und wo bleibt der Preis? Warum kosten 100 g Schnitzel im Supermarkt 39 Cent - und wo ist hier der Wert? Dieser Preis für das Supermarktschnitzel hat Auswirkungen. Zuerst denken Verbraucher: „Oh, das ist ein Preis, bei dem ich spare!" Irgendwann denken sie darüber nach, wie dieser Preis zustande kommt.

Wie kann damit der Landwirt Geld verdienen? Ist es deshalb notwendig, dass immer mehr Schweine auf immer weniger Platz immer schneller ‚produziert' werden? Was bedeutet das für die Tiere, für die Natur und die Menschen? Werden damit der Wert von Tier und Natur und der Wert der Arbeit von Landwirt und Metzger honoriert?

Der Preis für Biolebensmittel erweist sich manchmal als Hürde, die zu hoch ist. Der Preis für das neueste iPad gilt als notwendig, genau wie der Preis für Breitreifen, Markenklamotten und Designerbrillen. Also stellen wir jetzt den Wert gegenüber:

Was ist uns unsere Gesundheit wert?
Was ist uns unsere Natur wert?
Was ist uns das Wohlergehen der Tiere wert?

Wenn wir bei diesen wertvollen Aspekten des Lebens Abstriche machen und für Schnitzel 39 Cent pro hundert Gramm ausgeben, dann kann der Preis für Luxusgüter mehr sein.

Die Frage ist: Wollen wir das wirklich? Wollen wir zur Ausbeutung der Natur beitragen? Wollen wir die Massentierhaltung unterstützen, in der die Tiere kein Tageslicht, keine Sonne sehen? Wollen wir riesige Monokulturen, durch die die natürliche Vielfalt zerstört wird?

Jeder von uns trifft jeden Tag eine Entscheidung, bewusst oder unbewusst, ob wir uns fremd bestimmen lassen. Oder ob wir selbst bestimmen, welche Auswirkungen unser Denken und Handeln hat.

Klarheit? Brauch´ ich das?
Dokumente aus dem Gedankenfluss

Suppe nährt den Körper

In vielen Kulturen gibt es Suppen. Diese spiegeln den Wohlstand, aber vor allem die Wertschätzung von Leben und Natur wider. Die armen Länder haben meist sehr bodenständige Suppen, die aus Grundzutaten wie Hülsenfrüchte, Gemüse, Getreide und lokalen, natürlich vorkommenden Lebensmitteln (wie Fisch oder leicht zu erzeugenden Feldfrüchten) hergestellt werden.

Aber auch notwendige Schritte wie das komplette Verwenden eines Tieres gehören dazu. So werden vermeintliche Abfälle wie Kopf, Knochen, Häute und Innereien genutzt, um die Familie, die Bevölkerung zu nähren. Das Einfachste und Nahrhafteste ist da eben, eine Suppe zu kochen.

Reiche und wohllebende Nationen haben da schon ganz andere Ansätze. So wird von vornherein der Bevölkerung alles mundgerecht serviert, damit keine großen Mühen entstehen und man sich möglichst einfach ernährt.

Die Suppe in Pulverform ist ein vermeintlich einfaches Produkt, aber es steckt mehr darin und dahinter, als auf der Zutatenliste zu lesen ist: Ein Großkonzern, Suchtmittel, Werbung, Armut, Leid und unsere Abfälle, für die wir sogar noch extra zahlen!

Klare Brühe

- Einen Topf halb mit einem „Basisprodukt" (Fisch, Fleisch, Gemüse) füllen.

- Mit kaltem Wasser auffüllen, bis alles bedeckt ist.

- Gewürze wie Pfeffer, Lorbeerblätter, Nelke, Wacholder, Fenchel, Koriander zugeben, je nach gewünschtem Ergebnis.

- Je nach Basis und gewünschter Geschmacksrichtung können noch weitere Lebensmittel dazugegeben werden.

Alles zusammen aufkochen und bei geringer Hitze mindestens eine Stunde ziehen lassen. Wer einen intensiveren Geschmack möchte, der lässt länger ziehen und kocht die Brühe nach dem Passieren noch ein.

Lagern lässt sich diese Suppe am besten in sauberen Gurken- oder Weckgläsern: Einfach die kochend heiße Brühe in saubere Gläser abfüllen und sofort verschließen. Abkühlen lassen und im Kühlschrank aufbewahren.

In einer acht Stunden gekochten Bio-Hühnerbrühe ist der Zinkgehalt sehr hoch (ja, „Bio" macht hier den Unterschied!). Zink stärkt nachweislich das Immunsystem.

Beispiel für Fischbrühe

- Basiszutaten mit kaltem Wasser auffüllen, bis alles bedeckt ist.

- Als Gewürze gleich zu Beginn zugeben: 1 TL Pfefferkörner, 3 Lorbeerblätter, 1 TL Fenchelsamen, 4 Nelken, 1 EL getrocknete Pilze, 1 kleines Stück Kombu Alge.

- Alles zusammen einmal aufkochen und den dabei entstehenden Eiweißschaum abnehmen. Eine Stunde bei geringer Hitze ziehen lassen. Passieren und je nach gewünschter Intensität des Geschmacks einkochen, danach mit Salz würzen.

Interview mit Robert Prosiegel

Herr Prosiegel, wie sind Sie auf die Idee gekommen, ein Buch zu schreiben, gerade zu diesen Themen?

Dass ich ein Buch schreiben werde, das war mir schon lange klar. Genauso, wie ich die Klarheit habe und sicher bin, dass ich 120 Jahre alt werde. Als ich 2016 die Diagnose „Knochenmarksverhärtung" bekam und wusste, dass ich eine Stammzellenbehandlung brauche, da hatte ich die Einstellung: „Wenn ich 120 Jahre alt werde, dann kann diese Erkrankung nur eine Episode sein." Das gab mir eine extreme Zuversicht und Sicherheit für meine Genesung. Die Texte zu diesem Buch habe ich bereits 2012 angefangen zu schreiben. Immer dann, wenn ein aktuelles Ereignis dazu Anlass bot, schrieb ich so einen Text. Dann veröffentlichte ich das Geschriebene entweder in einer Zeitung, auf unserer Homepage oder als E-Mail an Redakteure, Redaktionen. Dabei war mir nicht klar, dass aus diesen Texten ein Buch wird. Als ich am 5. Oktober 2018, es war ein Freitag, um 3.00 Uhr (es war wirklich 3.00 Uhr!) aufwachte, entschloss ich mich spontan: Jetzt geht es los!

Sieben Stunden später stand meine jetzige Lektorin und Projektmanagerin, der ich sehr viel zu verdanken habe, in unserer Metzgerei. Sie fragte mich, was sie für mich tun könne. Für mich war das wie ein Wunder, denn sie hatte sich zirka fünf Kilometer vor Markt Berolzheim, auf der Durchfahrt zu einem Familientreffen, spontan entschlossen, wieder mal in unsere Metzgerei zu kommen. Davor hatten wir uns zehn Jahre nicht gesehen. Das konnte kein Zufall sein!

Wieso wird ein Metzger plötzlich zum Propheten, zum „fränkischen Elias"?

Der „Elias" steckt schon sehr lange in mir. Allerdings habe ich ihm sehr lange keine Beachtung geschenkt, denn dazu hatte ich keinen Grund. Mein Leben ging mehr als fünfzig Jahre nur in eine Richtung: Bergauf. Das führte mich zum Beispiel bis nach Dubai ins Burj al Arab, einem der teuersten und luxuriösesten Hotels der Welt. Dort sprach ich in der Küche lange mit dem Küchenchef. Ganz ehrlich: Wer von all den Gästen aus der ganzen Welt war jemals in der Küche des Burj al Arab?

Und wie ging es in dieser Zeit dem „Elias" in Ihnen?

Der war immer noch in seinem Käfig. Aber wer nicht hören will, muss fühlen - und so bekam ich vom Schicksal (meiner inneren Führung) einen kräftigen Tritt in den Hintern: Eine schwere geschäftliche Krise erschütterte meine Aktivitäten bis ins Mark. Erst jetzt wurde ich zum Suchenden: Hunderte CDs, Hörbücher, Meditationen und anderes habe ich wie ein Schwamm in mich aufgesaugt. Philosophie, Geschichte und Wissenschaft wurden zusammen mit Familie und Geschäft zu meinen neuen Lebensinhalten. 2012 entstanden die ersten Texte. Aber der „Elias" in mir war immer noch eingesperrt.

Wie ging es weiter auf Ihrem Lebensweg?

2016 erkrankte ich lebensgefährlich, das war wirklich keine einfache Zeit. Am 11. Januar 2018 bekam ich dann die dringend benötigten Stammzellen von einer Spenderin und die Käfigtür sprang endlich auf. Bald darauf machte sich eine wunderbare Kraft in mir breit: Neuer Schwung und Elan, große Lebensfreude, unglaubliche Intuition und unendliche Dankbarkeit zeigten mir, dass ich auf dem richtigen Weg war. All das machte mir eindrucksvoll klar, dass sich mein innerer „Elias" befreit hatte. In nur wenigen Wochen habe ich mich buchstäblich selbst auf den Kopf gestellt. Und damit hat sich alles um mich herum verändert!

Gab es Vorbilder?

Bevor ich geboren wurde, trafen meine Großväter eine Absprache. Beide hatten, wie die meisten Prosiegels, einen ausgeprägten Gerechtigkeitssinn. Mein Großvater väterlicherseits war evangelisch, mein Großvater mütterlicherseits katholisch. Die Absprache lautete, dass das erstgeborene Kind katholisch werden sollte, das zweite evangelisch. Ich wurde als zweites Kind im Schlafzimmer meiner Eltern geboren. Kurz danach und kurzerhand bestellte meine Mutter, eine überzeugte Christin, den katholischen Pfarrer. So wurde ich entgegen der Absprache katholisch getauft.

Die christlichen Überzeugungen meiner Mutter haben mich ebenso stark geprägt wie meine Großväter und mein Vater, der noch wenige Stunden vor seinem Tod zu den Ärzten sagte: „Immer hoch die gelbe Rübe, ist das Wetter noch so trübe!" Gelebter Optimismus, christliche Werte und ein gewisser Hang zu ungewöhnlichen Ansichten sind also in meiner Ahnenreihe angelegt und auch bei mir stark ausgeprägt.

Dazu zählt auch die Herzensgüte meiner Großmütter und meiner Mutter. Oder glauben Sie wirklich, dass wir völlig losgelöst von unseren Vorfahren am aktuellen Ende der Ahnenkette stehen? Ganz im Gegenteil, die Ahnenkette ist energetisch in uns.

Haben Sie eine persönliche Mission, einen Auftrag Ihres inneren „Elias",
mit diesem Buch?

Ja, natürlich. Unsere Verantwortung ist es, unseren Kindern und Enkeln eine Botschaft für die neue Zeit mitzugeben. Für mich ist diese Botschaft wie eine Synthese zu verstehen: Wenn wir die Gesellschaft, Politik und Wirtschaft der letzten hundert Jahre betrachten, dann waren die ersten fünfzig Jahre durch Krieg und Leid gekennzeichnet, die letzten fünfzig Jahre durch eine gnadenlose Ausbeutung der Erde und des Menschen. Schauen Sie sich um: Konsum und Maßlosigkeit sind überall! Beim Blick in die Geschichte der Menschheit wird klar, dass sich Extreme nie bewährt haben. Es gilt also, ein Gleichgewicht wiederzufinden.

Was machen Sie als Metzger anders? Welche Erfahrung machen Sie damit? Werden Sie deshalb belächelt, angefeindet, verspottet?

Im Volksmund heißt es: „Der Prophet im eigenen Land gilt nichts." Als ich vor zehn Jahren als erster Metzger im Landkreis begann, meine Erzeugnisse ohne Glutamat aus dem Labor herzustellen, sagten die Kollegen: „Wenn Du das als Einziger richtig machst, dann bedeutet das doch, wir machen es falsch." Meine Antwort darauf: „Das müsst Ihr selbst wissen." Nachdem ich meinen Verzicht auf Glutamat öffentlich bekannt gemacht hatte, fand kurz darauf eine Versammlung der Metzgerinnung statt. Als ich den Raum betrat, hatte ich das Gefühl, regelrecht durchlöchert zu werden. Wenn die anwesenden Metzger Pfeil und Bogen gehabt hätten, dann wäre ich ein Sieb gewesen. In der Zwischenzeit arbeiten von etwa vierzig Betrieben ungefähr zehn ohne Glutamat. Die Organisation Slow Food hat Glutamat als K.-o.-Kriterium für Mitgliedsbetriebe definiert. Es nützt also wenig, das Richtige zu wollen oder zu tun, die Zeit muss auch reif dafür sein.

Und damit bin ich wieder beim Propheten Elias, der anfangs auch verstoßen und gedemüdigt wurde. Später dann, viel später, gelang ihm der Durchbruch. Felix Mendelssohn-Bartholdy hat das in seinem Oratorium „Elias" so beschrieben: „Und der Prophet Elias brach hervor wie ein Feuer, und sein Wort brannte wie eine Fackel ..."

Und Ihre Fackel?

Ist dieses Buch und zwei weitere, die folgen werden.

Elektronen und Ernährung

Nachfolgend lesen Sie einen Auszug des Buches „Lebendiges Wasser – Energiequell des Körpers"[7], mit freundlicher Genehmigung der Autorin Andrea Tichy:

Wie wichtig Elektronen für die Beurteilung der Qualität von Lebensmitteln sind, das beschreibt Prof. Dr. Manfred Hoffmann in seinem Aufsatz „Ernährung aus elektrochemischer Sicht". Oftmals wird behauptet, dass sich Obst und Gemüse aus biologischem Anbau nicht wesentlich von konventionell erzeugtem unterscheidet. Der Agrarwissenschaftler hält dagegen: „Elektrochemische Methoden kommen zu ergänzenden Ergebnissen." Demnach kommt es nicht nur darauf an, welcher Nährstoff in einem Lebensmittel steckt, sondern auch, in welchem Umfang es uns Konsumenten als „Elektronenspender" dient.

Bioprodukte können mehr freie Radikale neutralisieren. Die Chemoanalyse von Lebensmitteln bestimmt mengenmäßig die Inhaltsstoffe Kohlenhydrate, Fette, Eiweiße sowie Vitamine, Mineral- und Ballaststoffe. „Chemoanalytisch feststellbare Unterschiede zwischen konventionell und biologisch angebauten Produkten sind nach einem langjährig durchgeführten Vergleichsversuch in der Schweiz eher bescheiden", schreibt Professor Hoffmann. „Lediglich die Mineralstoffgehalte von Kalium, Calcium, Magnesium, Zink und Kupfer waren in biologisch erzeugten Getreideproben eindeutig höher als bei den konventionell erzeugten." Und er zitiert den bekannten Lebensmittelchemiker Joseph Schormüller, der in seinem Standardlehrbuch „Lebensmittelchemie" schon 1974 schrieb: „Die historische Einseitigkeit (nämlich die ausschließlich stofflich-chemische Beurteilung der Lebensmittelqualität) darf aber nicht darüber hinwegtäuschen, dass wir damit nur einen Teil der Eigentümlichkeit unserer Lebensmittel erfassen." Weiter schreibt Schormüller: „Im Sinne solcher Betrachtungsweisen sind alle Produkte, die wir im Rahmen der Erhaltung unseres Lebens als Lebensmittel bezeichnen, darüber hinaus in den meisten Fällen dadurch gekennzeichnet, dass sie ein eigenes Leben führen."

In seinem Aufsatz stellt Professor Hoffmann die provokante Frage: „Wer fragt bei der herkömmlichen Qualitätsbeurteilung nach dem ‚Leben' in unseren Lebensmitteln?" Und er zitiert den bekannten Biochemiker Erwin Chargaff (1905-2002) mit der Erkenntnis: „Leben ist das, was im Reagenzglas verschwindet." Womit kann man aber dann das Lebendige im Lebensmittel erfassen? Professor Hoffmann gibt folgende Antwort: „Der Mensch existiert nicht nur rein stofflich, sondern auch als ein elektrisch funktionierender Organismus. Die moderne Medizin demonstriert dies mit vielen elektrischen Diagnosen wie EKG (Messung der Reizleitung am Herzen) und EEG (Messung der elektrischen Gehirnströme). Diese ‚Bio-Elektrizität' ist offenbar ein Charakteristikum des Lebendigen."

Elektrische Ströme sind ohne „strömende" Elektronen und elektrische Spannungen nicht vorstellbar. Professor Hoffmann stellt die Frage: „Wo aber finden diese Elektronenströme und deren Spannungsverhältnisse in der traditionellen Beurteilung von Lebensmitteln ihren Niederschlag?" Und er gibt die Antwort: „Nur mit den Methoden der Elektrochemie lassen sich zum Beispiel über ‚Redoxpotenziale' derartige Zustände in Lebensmitteln wissenschaftlich darstellen. Mit Hilfe der Elektrochemie lässt sich belegen, in welchem Maße ein Lebensmittel als ‚Elektronenspender' fungiert. Die Funktionsweise erklärt Professor Hoffmann folgendermaßen: Mit Elektroden wird die „reduzierende Wirkung", d.h. die elektronenspendende Wirkung von Flüssigkeiten gemessen. Je niedriger der Millivolt-Wert (mV) des so genannten „Redoxpotenzials" ist, desto größer ist die Fähigkeit des Lebensmittels, Elektronen abzugeben, desto größer ist die „Reduktionskapazität". Dies sind die Schlagworte der aktuellen Ernährungsforschung, die unter anderem um Begriffe wie „Oxidation" „Antioxidantien", „Sekundäre Pflanzenwirkstoffe" oder „oxidativen Stress" kreisen.

Weniger Stress, mehr Elektronen: Sekundäre Pflanzenwirkstoffe dienen der Pflanze dazu, Insekten anzulocken und Schädlinge abzuwehren, sie sind ein Quell für Elektronen. Hunderte von Messungen des Redoxpotenzials von Lebensmitteln belegen: Je „stressärmer", das heisst, je artgerechter eine Pflanze oder ein Tier erzeugt wurde, je schonender es für die Ernährung aufbereitet und je naturbelassener es konsumiert wird, desto größer ist das Elektronenangebot für den Organismus des Konsumenten. Professor Hoffmann spricht von der „Elektronenernte", die untrennbar an die Lebensgeschichte eines Lebensmittels gekoppelt ist. Nach seiner Erfahrung spielen dafür die Kriterien des biologischen Anbaus eine wichtige Rolle. Also die richtige Sortenwahl, eine niedrige Anbauintensität, mikrobiologisch aktive Böden. Umgekehrt können eine falsche Sortenwahl, ein toter bzw. „totgedüngter" Boden und eine hochtechnologische Anbauweise für die Pflanze „Stress" bedeuten. „Dann wird sie im Ergebnis nur in geringerem Umfang als Elektronenspender dienen können." Damit lässt sich laut Professor Hoffmann die Frage: „Was bringen Öko-Produkte?" neu beantworten. Eine Untersuchung des Forschungsinstituts für Biologischen Landbau in der Schweiz (FIBL) ergab 18 Prozent höhere Phenolgehalte bei Bio-Äpfeln gegenüber konventionell erzeugten. Der Gehalt an Flavonoiden war sogar um 22 Prozent höher. Phenolsäuren und Flavonoide zählen zu den sekundären Pflanzenstoffen.

Andere Untersuchungen zeigen eine große Streubreite im Saftangebot: Die handelsüblichen Apfelsäfte rangieren im Hinblick auf ihr Redoxpotenzial im hinteren Bereich, denn die Hersteller verwenden standardisierte, industriell angebaute Rohware und verarbeiten diese mit industriellen Technologien. Der Saft aus „stressarmem" Streuobstanbau bringt demgegenüber eine um ein Vielfaches höhere „Elektronenernte". Allerdings sei dazu angemerkt, dass im Hinblick auf die Elektronenernte das Essen eines Apfels unschlagbar bleibt, denn beim Pressen oxidiert ein Teil der bioaktiven Stoffe.

Klarer und bewusster leben – Körper, Geist und Seele stärken

> Erst wenn Seele und Geist zusammenfinden, erblickt der Mensch das wahre Licht der Welt.
>
> *(Silvana E. Schneider)*

Das Dominanzprinzip: Wie im wahren Leben

Die Erde wird auch *Der Blaue Planet* genannt. 71 Prozent ihrer Oberfläche sind von Wasser bedeckt. Wären alle Bakterien rot, die den Globus bevölkern, dann müssten wir vom *Roten Planeten* sprechen.

Bakterienbesiedlungen werden unterteilt in aufbauende, neutrale und abbauende Arten. Die aufbauenden Arten sind mit zirka 10 Prozent wie das Zünglein an der Waage zu verstehen. Sie sind in der Lage, bei allen Substanzen Fäulnis zu verhindern. Damit erhalten sie alles Lebendige und die Umwelt gesund.

Die abbauenden Arten machen ebenfalls etwa 10 Prozent einer Bakterienbesiedlung aus. Bei ihnen verhält es sich genau umgekehrt: Sie setzen Fäulnis und Degeneration in Gang, sind also zuständig für die Zersetzung.

Die größte Gruppe bilden mit zirka 80 Prozent die neutralen Mikroorganismen. Interessant ist, dass sich diese nach dem so genannten Dominanzprinzip derjenigen Gruppe zuwenden, die in einem System vorherrschend ist. Wenn wir also ein Milieu in uns schaffen, in dem die aufbauenden

Bakterien vorherrschend sind, dann folgen die neutralen Bakterien dem Aufbauprozess. Dies passiert auch dann, wenn unsere Ernährung stimmt.

Das Dominanzprinzip ist leicht auf Mensch und Gesellschaft übertragbar. Auch wenn es eine unbequeme Wahrheit ist, die niemand gerne hört: Wir leben in einer Zeit der abbauenden Kräfte, an der Industrie, Pharma- und Lebensmittelkonzerne kräftig mitwirken. Im Bereich der Lebensmittel macht sich dieser Abbau besonders bemerkbar: Immer größere Mengen. Immer niedrigere Preise. Immer schlechtere Qualität. Und die Folgen? Degeneration und Vitalitätsverlust bei uns, unseren Tieren und in unserer Natur.

Manchmal sind wir uns dessen bewusst. Zum Teil fühlen wir uns machtlos. Und meistens nehmen wir dies als gegeben hin.

Bewusstsein ist wie warmes Wasser: Wenn wir uns nicht darum kümmern, dann wird es kalt

> *Stellen Sie sich vor, Sie möchten ein Bad nehmen: Voller Vorfreude lassen Sie sich Wasser ein und fügen Ihr Lieblingsschaumbad hinzu. Sie prüfen die Wassertemperatur, ist alles wunderbar. Sie sind startklar! Doch dann läutet das Telefon, eine Bekannte hält Sie zehn Minuten auf. Kaum haben Sie aufgelegt, klingelt es an der Tür und Ihr Nachbar bittet Sie um Ihren Akkubohrer. Dieser ist jedoch im Werkzeugschrank im Keller. Als Sie zurückkommen, sind weitere zehn Minuten verstrichen. Ihr Badewasser ist inzwischen kalt. Beim nächsten Wannenbad setzen Sie vermutlich andere Prioritäten . . .*

Sinnbildlich verhält es sich ebenso mit unserem Bewusstsein: Wenn alles andere wichtiger ist, wenn Sie sich dauernd ablenken lassen, wie soll dann eine eindeutige geistige Haltung entstehen? Leicht landen wir dann bei der „lauwarmen“ Fraktion, der 80-%-Fraktion, die nichts bewirkt und nichts verändert. Deshalb ist es nicht zielführend, sich der 80-%-Fraktion, also den Neutralen, anzuschließen.

Wenn wir die Verhältnisse verändern möchten, dann müssen wir zuerst eine geistige Haltung einnehmen, die aufbauend und positiv ist. Jede einzelne unserer Entscheidungen will überprüft sein: Hat sie aufbauenden Charakter? Dient sie der Natur und allem Lebendigen? Wir müssen unser Bewusstsein, das Milieu in uns verändern.

> *Denken Sie an das Rauchverbot in Gaststätten, das 2007 eingeführt wurde. Raucher fühlten sich gegängelt, Wirte befürchteten den wirtschaftlichen Ruin, die Aufregung war groß in der Bevölkerung. Und heute? Es ist absolut normal geworden, dass an bestimmten Orten nicht mehr geraucht wird. Die „aufbauenden Kräfte" haben gesiegt.*

Das Beispiel zeigt: Menschen, die ihr Bewusstsein verändern, können tatsächlich das innere Milieu ihrer passiven, neutralen Zeitgenossen umpolen. So formiert sich eine „kritische Masse", die einen Wandel herbeiführt. Jeder Einzelne ist mitverantwortlich, auch Sie, liebe Leserin und lieber Leser: Denn jede Entscheidung, die wir treffen, wirkt sich zuerst in uns aus. Dann führt sie letztlich zu einer Veränderung des Großen Ganzen.

Generationen von Wissenschaftlern und Philosophen haben schon versucht, das Rätsel des Bewusstseins zu lüften. Ist das Bewusstsein ein Produkt des Gehirns? Wie und wo entsteht es? Oder ist es eine Geisteshaltung, die uns im besten Fall bewusst ist, deren Auswirkung wir erkennen? Als gesichert gilt: Der Mensch denkt pro Tag durchschnittlich etwa 60.000 Gedanken. Davon sind nur etwa drei Prozent aufbauend und hilfreich.[8] Sie nützen Ihnen selbst oder anderen. 25 Prozent haben abbauenden, destruktiven Charakter. Sie schaden Ihnen selbst oder anderen. 72 Prozent aller Gedanken sind flüchtig oder unbedeutend. Sie schaden oder nützen nicht, doch sie sind vergeudete Zeit und Kraft. Und wieder hilft beim Nachdenken das Dominanzprinzip! Stärken Sie die positiven, aufbauenden Gedanken – es ist der einzige Weg, der Sie zu mehr Klarheit und Fülle führt.

Auf der anderen Seite gilt: Immer dann, wenn uns abbauende, negative Gedanken in einen inneren Druckzustand versetzen, leiden wir geistig oder seelisch einen Mangel. In solchen Stimmungen produzieren wir Minus. Dies passiert zum Beispiel, wenn wir das Gefühl haben, keinen Einfluss auf die Situation nehmen zu können, wenn wir uns als Opfer fühlen.

Aufbauende, positive Gedanken bringen Sie dagegen in einen innerlich bereichernden Glückszustand. Sie sind geistig und seelisch in Höchstform. Sie produzieren Plus am laufenden Band und erschaffen sich damit innere Fülle. In diesem Klima wachsen gute Gefühle, Sie erleben sich als Akteur und bewältigen Herausforderungen ganz locker. Deshalb gilt: Ziehen Sie so oft wie möglich Plus in Ihren Alltag!

Im letzten Jahr habe ich in einem Supermarkt spontan ein Säckchen Kartoffeln und ein Netz Orangen gewogen, um zu sehen, ob das angegebene Gewicht stimmt. Bei 5 Kilogramm Kartoffeln haben zwischen 200 und 300 Gramm gefehlt, bei 2 Kilogramm Orangen mindestens 100 Gramm bei jedem Netz. Alle, denen ich davon erzählt habe, sagten: „Da kannst Du als Einzelner nichts machen!"

Entgegen dieser landläufigen Meinung habe ich verlangt, den Geschäftsführer des Supermarktes zu sprechen. Dieser wollte sich zuerst mit allgemeinen Floskeln herausreden, als ich ihm jedoch sagte, dass in einem Konkurrenzmarkt immer ein bisschen mehr drin ist, da hat er die Ohren gespitzt! Dann gab ich ihm zu verstehen, dass ich in ein paar Wochen

> *wiederkäme. Gesagt, getan! Und siehe da, plötzlich waren*
> *in jedem Säckchen, in jedem Netz auch 100 bis 200 Gramm*
> *mehr Inhalt.*

Der Pessimist sagt dazu: „Das war Zufall!". Der Optimist sagt: „Das war Wirkung!".

Ist Ihnen nun klar, dass die bewusste Wahl Ihrer Gedanken und Gefühle entscheidend für Ihr inneres Klima, Ihr Milieu ist? Sie alleine haben es in der Hand, ob Sie Minus oder Plus produzieren. Verstehen Sie, dass Ihr Bewusstsein mit Ihrem geistigen und seelischen Wohlbefinden steht oder fällt?

Angst gehört zum Leben

Angst ist ein ganz natürliches Gefühl. Sie ist zunächst nicht destruktiv, sondern ein wichtiger und notwendiger Urreflex, der uns in Gefahrensituationen zur Flucht, zur Vorsicht, zu Misstrauen oder zum Kampf aufruft. Angst entsteht dann, wenn wir uns einer Situation nicht gewachsen fühlen.

> *Angst ergreift uns plötzlich, wenn unser Leben in Gefahr ist,*
> *zum Beispiel, wenn bei schneller Fahrt plötzlich ein Tier*
> *vor das Auto läuft. In diesem Fall ist die Angst greifbar.*
> *Sie kann aber auch schleichend zunehmen, wenn wir uns im*
> *Beruf dauerhaft überfordert fühlen und unsere Arbeit nicht*
> *bewältigen können. In diesem Fall wirkt sie subtil.*

Angst hat viele Gesichter und schaukelt sich auf

Angst löst eine Reaktion in uns aus: Immer dann, wenn wir besorgt, hilflos, rachsüchtig, eifersüchtig, entnervt, feindselig, aggressiv, aufgewühlt, neidisch, kritisch, eingeschüchtert, entmutigt, feige sind, wenn wir sauer sind oder hassen, wenn wir herrschsüchtig sind, in der Opferrolle feststecken, dann ist Angst mit im Spiel.

Diese inneren Zustände pflanzen sich fort. Sie geraten in seltsame Situationen, treffen auf Menschen, die komisch reagieren. Energien entwickeln sich, die mit jeder weiteren Reaktion intensiver werden. Angst vergrößert also das Thema: Schnell wird ein ursprünglich kleiner Anlass zur großen Sache - wie bei einem Schneeball, der unaufhaltsam Richtung Tal rollt und am Ende eine gewaltige Lawine auslöst.

Wer hat dieses Schaukelspiel verursacht? Es kann zum Beispiel eine Situation oder eine Person sein, die mit Ihnen in Resonanz geht.

> *Ähnlich wie bei einem Radiosender schwingen Sie in einer bestimmten Frequenz, die nur empfangen werden kann, wenn Ihr Gegenüber oder die Situation die gleiche Frequenz eingestellt haben. Wenn Sie von außen die Frequenz 85,1 erhalten und Ihr Radio auf 85,1 eingestellt ist, dann springt Ihre innere Playtaste an und Sie spielen Ihr Lied, Ihre Nummer ab. Stellen Sie jedoch Ihren Sender auf 90,2 ein, dann löst die Frequenz 85,1 nichts aus. Sie sind nicht empfangsbereit.*

Angst hat eine niedrige Frequenz

Sobald eine Situation oder eine Person (unbewusst) registrieren, dass Sie „nicht auf Sendung" sind, verändern sie ihr Reaktionsmuster oder es verschwindet. Suchen Sie öfter die Schuld auch in Umständen, Personen oder Situationen? Wäre es nicht aufbauender, wenn Sie sich fragen, was das Ganze mit Ihnen zu tun hat? Warum Ihnen das gerade jetzt passiert? Was in Ihnen dazu beigetragen hat?

Angst steht für Dunkelheit und Sorgen. Sie wird häufig gekoppelt an negative Erfahrungen der Vergangenheit. Doch die Vergangenheit ist vorbei. Niemand zwingt Sie dazu, diese Erfahrungen im Hier und Jetzt wieder zu bedienen, sie auf Ihre Zukunft zu projizieren. Niemand außer Sie selbst – es ist Ihre Entscheidung.

Was soll auf einem Acker im Winter wachsen? Es fehlen Licht und Wärme. Tieren aus Massentierhaltung geht es ebenso. Sie liefern uns Fleisch, das „im Winterschlaf" liegt. Es weist eine niedrige Schwingung auf, denn diese Tiere sind in der Angstspirale gefangen. Sie haben in ihrem kurzen Leben weder Licht gesehen, Freude gespürt noch Wärme und Zuwendung erfahren. Angst und Stress füllen jede Zelle ihres Körpers aus.

Liebe, Freude und Dankbarkeit haben eine hohe Schwingung

Doch wie kommen wir wieder in Balance? Wie gelingt es uns, immer öfter ein aufbauendes, positives Milieu zu erschaffen? Und was können wir tun, um zu einem höheren Bewusstsein zu gelangen?

Die Entscheidung für oder gegen Angst, für oder gegen Liebe ist in jedem Moment, in jeder Sekunde, bei jedem Gedanken entscheidend. Sobald ein Gefühl in uns einen Gedanken auslöst, steht eine Entscheidung an. Sobald eine Schwingung, eine Frequenz bei uns ankommt, haben wir die Wahl, ob wir darauf reagieren – oder einen anderen Sender einstellen. Sobald Sie Ihren Sender „Liebe und Freude" einstellen, läuft die Negativität der anderen Seite ins Leere. Denn auf Ihrer Frequenz kann ausschließlich Liebe und Freude empfangen werden. Im besten Fall gelingt es uns durch unsere Reaktion, die andere Seite umzupolen.

Immer dann, wenn wir dankbar sind, wenn wir stolz auf uns oder andere sind, wenn wir euphorisch, unternehmungslustig, fröhlich, glücklich, gesellig, unbekümmert und zufrieden sind, wenn wir uns und andere anerkennen, Vertrauen in uns spüren, anderen Menschen zugeneigt und in Sympathie verbunden sind, wenn wir uns von Schönem berühren lassen, dann sind Liebe und Freude in unserem Bewusstsein. Liebe und Freude nähren uns wie eine gute Suppe. Sie wärmen von innen und geben uns aufbauende, gute Energie. In diesem Zustand sind Sie in der Lage, Ihr Herz zu öffnen und Gefühle zu zeigen: Den anderen und auch sich selbst gegenüber. Weiche Gefühle sind keinesfalls nur Frauensache! Jetzt ist die Zeit gekommen, in der wir Männer dem Weiblichen in uns wieder den angestammten Platz einräumen.

> *Ein Mann weint doch nicht! Ganz im Gegenteil! Tränen sind sichtbare Gemütsbewegungen, die ausdrücken, wie es in Ihnen aussieht. Mit Tränen berühren Sie die Herzen Ihrer Mitmenschen. So zeigen zum Beispiel Freudentränen Ihnen selbst und anderen, wie erfüllt, dankbar oder glücklich Sie sind. Durch die Stammzellenspende einer Frau durfte ich das deutlich erfahren.*

Dankbarkeit ist eine Liebeserklärung an das Leben

Die Selbstverständlichkeit regiert in unserem Alltag. Sie erschwert Dankbarkeit, vieles ist völlig normal geworden. Aber was bewirkt Dankbarkeit und ist sie not-wendig? Welche Not gilt es wirklich in uns zu wenden?

Wann haben Sie zum letzten Mal ganz bewusst eine dankbare Haltung eingenommen? Ist Ihnen bewusst, dass wir seit vielen Jahren in Frieden leben? Dass noch vor gut hundert Jahren Menschen in Bayern verhungert sind, während wir heutzutage überreichlich zu essen haben? Dass es damals in den Dörfern kein fließendes Wasser gab, während wir in unserer Zeit sorglos und ganz selbstverständlich den Wasserhahn aufdrehen?

Dankbarkeit hat aufbauenden Charakter. Sie entsteht sofort, wenn Sie sich bewusst und in Liebe für die Schöpfung entscheiden. Als Verbraucher, Bürger, Arbeitnehmer oder in Ihrem Privatleben.

> *Empfinden Sie wirklich echte Dankbarkeit, wenn Sie im Supermarkt nach 18.00 Uhr noch aus einem vollen Brotregal auswählen können? Auch dann, wenn Sie wissen, dass ein Großteil der nicht verkauften Backwaren nach 20.00 Uhr entsorgt wird? Freuen Sie sich tatsächlich von Herzen, wenn Sie fünf Kilo Zwiebeln für einen Euro kaufen? Sind Sie auch dann noch glücklich über Ihr Schnäppchen, wenn Ihnen bewusst ist, dass der Landwirt nur einen Bruchteil dieses Preises bekommt? Oder Billigkräfte aus Osteuropa für einen Hungerlohn auf den Feldern arbeiten?*

Wir leben wie die Fürsten. Aber wir regieren unklug. Denn den Preis für Verschwendung, Konsum und Ausbeutung bezahlen wir an anderer Stelle.

Freude geben und nehmen

> Liebe ist mehr als Besitz. Freude ist mehr als Besitz. Wenn alles zusammenkommt, ist das der Himmel auf Erden.
>
> *(Robert Prosiegel)*

Wenn wir uns freuen, dann leuchtet das Leben. Freude ist wie Salz in der Suppe, wie Erdbeeren mit Sahne, wie Spinat mit „Blubb". Was läge folglich näher, als dieses großartige, positive Gefühl sooft wie möglich spüren zu wollen? Aber ist es tatsächlich so im „grauen" Alltag?

Wozu Dankbarkeit?

Jeder von uns hatte wohl schon mal Anlass, dankbar zu sein. Die Anlässe dazu sind sehr unterschiedlich und unsere Wahrnehmung dazu ebenfalls. Auch die Erwartungen, die wir zu oder an eine bestimmte Situation, Person oder Gegebenheit haben, bestimmen, wie groß oder ob überhaupt das Gefühl der Dankbarkeit in uns gegenwärtig ist.

Die Selbstverständlichkeit ist in unserem Alltag sehr groß. Wer denkt darüber nach, welche Aufgaben unser Körper ohne unser Bewusstsein erledigt? Wieso haben wir Essen im Überfluss und wieso haben Menschen gleichzeitig nichts zum Essen? Warum haben wir Frieden und warum leben wir trotzdem in unseren Gemeinschaften in Unfrieden?

Wenn wir mit unserem Bewusstsein anderswo sind, dann ist die Wahrscheinlichkeit, dass wir für all die Selbstverständlichkeit dankbar sind, gering. Jeden Tag sind wir darauf angewiesen, Essen und Trinken zu uns zu nehmen. Wir nehmen aus dem Überangebot und geben Geld dafür her. Ist dann noch Dankbarkeit notwendig?

Wenn wir 5 kg Zwiebeln für einen Euro oder sogar für weniger kaufen, sind wir dann dankbar, dass der Landwirt für seine Arbeit einen Hungerlohn bekommt? Wenn wir im Supermarkt nach 18.00 h aus dem vollen Brotregal auswählen können, sind wir dann dankbar dafür, auch wenn wir wissen, dass ein Großteil dieses Brotes nach 20.00 h noch da ist und am nächsten Tag 'entsorgt' wird?

In Mitteleuropa leben wir zurzeit in einem Wohlstand, wie es ihn in der Menschheitsgeschichte noch nicht gegeben hat. Noch vor gut hundert Jahren sind in Bayern Menschen verhungert und es gab noch keine Wasserleitungen in den Dörfern. Selbst in Neuschwanstein, dem Inbegriff eines Traumschlosses, gab es nur ganz wenige Toiletten. So gesehen leben wir wie die Fürsten. Sind wir dankbar dafür? Was bewirkt Dankbarkeit? Möglichkeiten dazu sind in Hülle und Fülle vorhanden.

Klarheit? Brauch´ ich das?
Dokumente aus dem Gedankenfluss

Sie haben im Lotto gewonnen? Herzlichen Glückwunsch! Ein Unbekannter lächelt Sie im Vorübergehen an? Ihre Frau tröstet Sie mit einem lieben Wort, Ihr Mann zeigt Ihnen mit einer liebevollen Geste, was Sie ihm bedeuten? Sie sind ein echter Glückspilz! Ihr Lieblingsfußballverein gewinnt das entscheidende Spiel? Heute ist Ihr Glückstag!

Diese und viele andere Gelegenheiten im Alltag lösen Freude in uns aus. Wir empfangen sie und sind glücklich. Und doch: Wir bleiben dabei passiv, weil wir auf sie warten. Wir erwarten in gewisser Weise, dass uns Freude widerfährt und verankern diese Erwartungshaltung in unserem Bewusstsein. Noch größere Freude erzeugen Sie in sich, wenn Sie zum aktiven Freudenspender werden. Wann waren Sie zum letzten Mal für andere ein aktiver „Quell der Freude"? Haben Sie heute schon Anlass zur Freude gegeben?

Sie verschenken einen Lottoschein. Sie lächeln einen Unbekannten an. Sie trösten Ihre Frau, Sie zeigen Ihrem Mann, was er Ihnen bedeutet. Sie spielen selbst Fußball und schießen das entscheidende Tor. Aktiv Freude spenden heißt, sich für andere oder für etwas zu engagieren!

Freude ist ein Punkt im Herzen

Jeder Mensch hat einen Punkt im Herzen, an dem er Freude fühlt. Ist Ihnen bewusst, wann Sie Ihren persönlichen *Punkt der Freude* zum letzten Mal gespürt haben? Wenn wir uns selbst und diesen Punkt in unserem Herzen lieben, dann sprudelt unsere Quelle, so, wie ein frischer, klarer Bergbach. Diese Freude pflanzt sich fort und erzeugt eine durch und durch positive Schwingung: Sie strahlt in die 100 Billionen Zellen unseres Körpers

Freude –
das Salz in der Suppe
unserer Seele

Wie schön ist es, Freude zu erfahren. Durch einen Zufall (ein Gewinn in einer Lotterie), durch eine Person (ein Lächeln, ein liebes Wort oder eine liebevolle Geste), durch eine Situation (der Lieblingssportverein gewinnt). Und es gibt noch viele andere Gelegenheiten im Alltag, die Freude auslösen. Demzufolge könnte unser Leben durch Freude bestimmt sein. Ist das so im grauen Alltag?

Die oben genannten 'Freuden' haben eines gemeinsam: Sie kommen von außen auf uns zu, wir warten darauf und empfangen – zum größten Teil passiv. Teilweise sind wir in einer Erwartungshaltung zur Freude, teilweise nimmt diese Erwartungshaltung den Großteil unseres Bewusstseins ein. Wenn wir unser Bewusstsein daraufhin überprüfen und feststellen, dass dem so ist, dann wird es Zeit, darüber nachzudenken.
'Ich bin eine Quelle der Freude' - wie schön ist das und welch gutes Gefühl hinterlässt es. Im Innersten wünscht sich das jeder Mensch, und jeder Mensch hat die Möglichkeiten und die Fähigkeiten dazu.

Wer das bisher schon tut, dem ist es anzusehen und jeder fühlt sich in seiner Umgebung wohl. Es ist also ein erstrebenswertes Ziel, eine Quelle der Freude für andere zu sein.

Jede Meisterschaft bedarf eines Weges, den es zu beschreiten gilt und jeder Schritt auf diesem Weg führt zum Ziel. Mit Zuversicht und Vertrauen in unseren göttlichen Ursprung geben wir davon etwas in unseren Alltag. Wir rufen das Bewusstsein in uns wach, das dafür zuständig ist, der Natur, den Tieren und unseren Mitmenschen Freude zu bereiten. Durch ein liebes Wort, durch eine freundliche Geste, durch ein Lächeln, durch Spenden von Segen, durch Zuhören. Und da sind noch sehr viel mehr Möglichkeiten.
Jeder Mensch hat einen Punkt im Herzen, der die Freude darstellt. Machen wir uns das immer wieder bewusst, denn diese Freude verbindet uns alle. Beginnen wir mit uns selbst, indem wir uns und den Punkt in unserem Herzen selbst lieben. Beginnen wir damit, die Quelle der Freude wachzurufen.

Unser Körper besteht aus Billionen Zellen und jede einzelne Zelle freut sich darauf, wahrgenommen zu werden. Unser Geist und unsere Seele sind unendlich vielfältig und alle Teile freuen sich, wenn Freude dominiert.

Der Verstand rät zur Vorsicht und das ist in manchen Fällen gut so, doch Freude ist der Punkt im Herz und somit eine Herzensangelegenheit. Der Verstand kontrolliert, das ist in manchen Fällen gut so. Doch Vertrauen verbindet und ist die Basis der wahren Freude.

Freude ist ein Gefühl und Gefühle sind die einzige Wirklichkeit. Der Verstand ist ein Werkzeug unseres täglichen Lebens. Freude ist himmlisch, Freude ist schön, Freude zaubert ein Lächeln in unser Gesicht. Freude verbindet, Freude schafft Frieden. Freude ist Liebe und je mehr Freude wir geben, desto mehr Freude und Liebe erfahren wir.

Klarheit? Brauch´ ich das?
Dokumente aus dem Gedankenfluss

und füllt jede einzelne Zelle mit Energie. Und damit nicht genug: Auch Geist und Seele sind hocherfreut, wenn Sie so viel Plus und Fülle in sich erschaffen haben! Das tun Sie sowieso? Umso besser! Dann sieht man Ihnen mit Sicherheit an, dass Sie glücklich sind ...

Liebe entspringt dem Herzen, nicht dem Verstand

Herz und Verstand sind wie Arbeitskollegen: Man grüßt sich, man ist nett zueinander und respektiert sich. Aber wahre Freunde werden die beiden selten! Der Verstand rät zu Vorsicht, aber das Herz hat seine eigene Weisheit. Der Verstand kontrolliert und bewertet, doch das Herz vertraut und glaubt. Der Verstand ist wichtig, keine Frage! Er ist und bleibt ein unersetzliches Werkzeug, mit dem wir unseren Alltag meistern.

Leben Sie schon oder funktionieren Sie nur noch? Unsere Zeit verlangt uns viel ab, Leistung und Effizienz dominieren, immer schneller, höher und weiter soll es gehen. Dabei ist es in unserer Gesellschaft merklich kälter geworden, es weht ein scharfer Wind. Das Herz bleibt heutzutage nur allzu oft auf der Strecke, dabei weiß jedes Kind: Hier sind unsere Gefühle zuhause. Dort – und nur dort – gedeihen Dankbarkeit, Freude und Liebe. Gesellschaftliche Verrohung, unmenschliches Verhalten oder unwürdige Lebensbedingungen sind keine in Stein gemeißelten Gebote: Wenn wir alle unserer Herzenergie wieder mehr Raum geben, dann tragen wir bei zu einem überfälligen Spurwechsel!

Ich war zu einer Veranstaltung eines Wirtschaftszirkels ein- geladen, bei der ich dieses Buch vorstellen sollte. Die Refe- renten: Zwei Professoren, ein Graf, ein Direktor - und ich als Metzger. Das allgemeine Niveau der Vorträge war komplett dem Verstandesdenken angepasst. Streng wissenschaftlich und businesslike! Bevor ich an die Reihe kam, konzentrierte ich mich auf meine Herzenergie und hatte volles Vertrauen in das, was ich meinem Publikum vortragen würde. In mir breitete sich eine ruhige Klarheit aus. Was passierte? Ich hatte die größte Aufmerksamkeit und hinterließ den tiefsten Eindruck!

Ein Leben voller Werte

Stellt dieser Satz das Ziel dar? Oder ist er der Weg? Oder die logische Abfolge?

Unser Leben auf dieser Erde ist eine Ansammlung von Ereignissen. Mit unserem Verstand versuchen wir, das uns Umgebende und das uns Innewohnende zu be-werten. So auch die Ereignisse und alles, was daraus folgt. In einer Welt der Gegensätze (hell-dunkel, weiß-schwarz, arm-reich usw.) be-werten wir das, was für uns persönlich zutrifft, genau wie das, was für unser Umfeld zutrifft. Dabei be-wertet jeder Mensch individuell.

Sind es die materiellen Werte, denen wir einen hohen Wert einräumen, wie Geld, Gold, Gegenstände oder ähnliches? Oder sind es die ideellen Werte wie Treue, Wahrheit, Zuversicht? Der Unterschied besteht im Grad der Erfüllung, den wir dadurch erfahren. Die materiellen Werte, die wir uns wünschen und erhalten, erhellen und erfreuen uns, wie ein Streichholz in der Dunkelheit. Doch jeder Mensch sehnt sich nach Licht und Wärme. Und das am liebsten dauerhaft. Ist es möglich, in unserem Leben so viele Streichhölzer anzuzünden, dass wir die Wärme und das Licht erfahren, das wir uns wünschen und wonach wir uns sehnen?

Jeder von uns macht diese Erfahrungen. Und jeder weiß mehr oder weniger, dass es ein Licht gibt, dass es einen Grad der Erfüllung gibt, der den durch das Licht eines Streichholzes übersteigt. Sind es also die ideellen Werte, nach denen sich jeder Mensch in seinem tiefsten Inneren sehnt?

Es steht fest: Alle Materie ist durch die Zeit begrenzt. Der einzige Wert, der Zeit und Raum überwindet und überdauert, ist die Liebe. Je mehr wir als Mensch davon geben, desto mehr werden wir erhalten. Und es liegt an jedem Einzelnen, wieviel er bereit ist zu geben. Der Grad der Erfüllung, den wir erleben, wird bestimmt von der Bereitschaft zu geben. Ein Leben voller Werte. Welcher Wert steht bei Ihnen an erster Stelle?

Klarheit? Brauch´ ich das?
Dokumente aus dem Gedankenfluss

Gelebte Werte sind Wohlstand, den sich jeder leisten kann

Immer dann, wenn Sie positive Gefühle verinnerlichen und aktiv praktizieren, bereichern Sie Ihr eigenes Leben und das anderer. Heutzutage ist viel von Werten die Rede. Dabei ist klar: Wert(e)voll leben bedeutet nicht *reden*, sondern *tun*.

Materielle Werte wie Geld, Gold und Gegenstände verschaffen uns kurzfristig Befriedigung, keine Frage. Aber sie sind vergänglich. Immaterielle Werte wie Treue, Wahrheit und Zuversicht tragen uns ein Leben lang, sie erfüllen uns tief und anhaltend. Gelebte Werte tragen zu einem wertvollen Leben bei.

> *Himmlische Gefühle! Wer möchte sie nicht spüren? Nachdem ich eine Verhandlung mit einem Geschäftspartner zum gegenseitigen Wohl abgeschlossen hatte, durchflutete mich ein unglaubliches Gefühl: So ähnlich stelle ich mir das „Nirwana“ vor. Einen Moment lang fühlte ich mich völlig losgelöst vom Irdischen. Ich wünsche Ihnen von Herzen, dass Sie das auch erleben!*

Was gibt Ihrem Leben Halt, Tiefe und Erfüllung? Welcher Wert steht bei Ihnen an erster Stelle? Was bleibt von Ihnen, wenn Sie nicht mehr sind? Ist Ihnen bewusst, dass Liebe der einzige Wert ist, der Zeit und Raum überdauert?

Klarheit entsteht durch Wissen. Und durch Tun!

In den ersten beiden Teilen dieses Buch wurden viele Fragen gestellt. Fragen, die Sie aufrütteln und zum Nachdenken anregen wollen. Sind Sie jetzt bereit, Ihre neuen Erkenntnisse in die Tat umzusetzen? Sind Sie reif für Ihre innere und äußere Erneuerung?

Sagen Sie Ja zu diesem Wissen, denn das Workbook auf den nächsten Seiten erwartet Sie bereits mit vielen interessanten Lernangeboten. Es möchte Sie dabei unterstützen, weiter voranzukommen. Gut möglich, dass Sie zuerst Antworten für sich finden, die mit Ihren persönlichen Erfahrungen und Erlebnissen zusammenhängen. Sie sind eingefärbt durch Ihre Bewertung, wie bei einer Sonnenbrille, durch die Sie alles getönt sehen. Ihre Brille ist also nicht neutral!

Welches Ziel hat dieses Workbook? Welchen Nutzen kann es Ihnen anbieten? Zum Beispiel den, durch umfangreiches Wissen immer klarer Zusammenhänge zu erkennen und damit Ihrem Lebenspuzzle jeden Tag, jede Stunde ein neues, wichtiges Teilchen hinzuzufügen. Franz Kafka hat gesagt: „Wege entstehen dadurch, dass man sie geht." Dies wird nicht an einem Tag passieren, sondern in Ihrem Tempo, in Ihrem Stil. Klarheit und Wahrheit wollen sich in Ihnen entwickeln, von Ihnen entdeckt werden!

Bitte denken Sie zurück an die Zeit, als Sie sich entschlossen haben, den Führerschein zu machen. Sie wollten fahren lernen, um jeden beliebigen Ort erreichen zu können. Dieser muss aber auf einer Straße oder einem Weg erreichbar sein. In der Fahrschule hat man Ihnen gezeigt, wie Sie Ihr Fahrzeug bedienen. Sie haben erfahren, welche Regeln die Straßenverkehrsordnung vorsieht. Beides sind grundlegende Spielregeln für ein reibungsloses Miteinander im Verkehr. Erinnern Sie sich? Nachdem Sie den Führerschein in der Tasche hatten, dachten Sie voller Stolz und Freude, dass Sie

jetzt fahren können. Doch sicheres Fahren lernt man im Tun,
auf dem Weg zum Ziel.

In Teil 1 und 2 des Buches haben Sie sozusagen den Führerschein für ein gelungenes Zusammenleben auf unserer Erde mit Menschen, Tieren und Pflanzen erworben. Nun fehlt noch Ihr persönlicher Weg, den Sie mithilfe der einzelnen Kapitel des Workbooks selbst ansteuern. Sie werden eingeleitet mit einer Affirmation, die einfach, klar und positiv formuliert ist. Affirmationen bieten Ihrem Unterbewusstsein neue Informationen an und sollten (laut oder leise) oft ausgesprochen werden, damit sie zu inspirierenden neuen Gedankenmustern führen.

Bei Ihrem Tun wünsche Ich Ihnen gute Fahrt und wertvolle Erkenntnisse!

Ihre Ernährung

„Ich achte auf meine Ernährung.
Sie hält meinen Körper gesund, fit und vital."

Ernährung

Die Gier nach „billig" schmeckt dem Körper nicht! Fleisch, Gemüse, Obst oder Milchprodukte werden oft viele hundert Kilometer transportiert, bevor wir sie kaufen.

Was bedeutet dies für die Umwelt?

Was für die Landwirte Ihrer Region?

Und was für Sie und Ihre Familie?

Ernährung

Rinder, Schweine oder Geflügel werden häufig mit Antibiotika und anderen Medikamenten vollgepumpt. Später landet dieses Fleisch auf unseren Tellern.

Wer profitiert davon?

Wo wird der wahre Preis abgebucht?

Welche gesundheitlichen Risiken entstehen dadurch?

Ernährung

Eine hohe Lebensmittelqualität trägt dazu bei, Ihren Körper fit und gesund zu halten.

Wie wichtig ist Ihnen eine optimale Versorgung Ihres Körpers?

Bei welchen Lebensmitteln begnügen Sie sich mit minderer Qualität?

Wo belasten Sie Ihren Körper mit kleineren oder größeren „Ernährungs-sünden"?

Welche Gründe haben Sie dafür?

Ernährung

Der Genuss eines Stück Fleisches ist mehr als der Geschmack auf der Zunge. Genuss kann auch bedeuten: Sie wissen, woher Ihr Fleisch kommt und können sicher sein, dass das Tier artgerecht gehalten wurde.

Was bedeutet Essgenuss für Sie?

Bei welchen Gelegenheiten erleben Sie einen Zusammenhang zwischen Genuss und Lebensmittelqualität?

Wie hängen die Begriffe „Genuss", „Verzicht" und „Qualität" für Sie zusammen?

Wenn Ihr Körper sprechen könnte, was würde er zu Ihrer Ernährung sagen?

Mein nächster Schritt

Um die Qualität meiner Ernährung zu verbessern, verändere ich Folgendes:

....

....

Datum, Unterschrift ....

Ihr Lebensmitteleinkauf

„Jedes natürliche, hochwertige Lebensmittel in meinem Einkaufskorb verändert die Welt zum Besseren."

Ihr Lebensmitteleinkauf

Was wir essen, verändert die Welt! Stellen Sie sich vor, alle kaufen ab sofort jedes Lebensmittel so billig wie möglich. Niemand achtet mehr auf Qualität.

Welche Auswirkungen hat dies nach nur einer Woche auf die Landwirte und Händler Ihrer Region?

Was passiert als Nächstes?

Wie verändert diese Haltung die Gesellschaft? Und die Erde?

> **Ihr Lebensmitteleinkauf**
>
> Angenommen, Sie könnten nur noch Tütensuppen, Fertiggerichte und Astronautennahrung kaufen - künstliche Aromastoffe und Geschmacksverstärker standardmäßig inklusive. Kein einziges frisches Produkt mehr - nirgends.

Wie geht es Ihnen damit? Was befürchten Sie?

Was können Sie gemeinsam mit anderen unternehmen, um diesen Horror zu beenden?

Wie ist Ihr Gefühl, wenn Sie an frisches Obst und Gemüse aus dem Garten Ihrer Oma denken?

Wenn Ihnen eine gute Fee zu 100 Prozent garantieren würde, dass Sie zehn Jahre länger gut leben, vorausgesetzt, Sie kaufen ab sofort nur noch hochwertige Lebensmittel, am besten Bio. Was verändern Sie sofort?

Wie können Sie (auch ohne Fee) ganz allgemein zur Verbesserung Ihrer Lebensmittelqualität beitragen?

Welche Möglichkeiten haben Sie als Verbraucher?

Mein nächster Schritt

Beim nächsten Lebensmitteleinkauf achte ich auf folgende Punkte:

....

....

Datum, Unterschrift ....

Unsere Gesellschaft

„Ich verändere mein Denken und Handeln und dadurch die Gesellschaft."

Ganzheitliche Kla

Aktiv verstehen st

Bewusstsein statt

Klarheit

Unsere Gesellschaft

An Ihrem Wohnort eröffnet ein Regional-Laden. Er bietet täglich frische Backwaren und hochwertige Brote, eine große Auswahl an Wurst-, Käse- und Fischspezialitäten, bestes Frischfleisch, Kaffee einer lokalen Rösterei, Molkereiprodukte und hausgemachte Köstlichkeiten von Marmelade bis Gemüsechips.

Was verändert sich für Sie konkret, wenn Sie dort einkaufen?

Wer profitiert davon, wenn viele dies tun?

Welche gesellschaftlichen Vor- und Nachteile bringt es Ihrem Wohnort?

Welche Auswirkungen hat dieser Laden für die Landwirte und Händler Ihrer Region?

Unsere Gesellschaft

Sie kaufen Ihre Lebensmittel bei einem Online-Gourmetversand. Dort erhalten Sie das gleiche Sortiment wie weiter oben beschrieben, auch die Preise sind vergleichbar.

Worin besteht der Unterschied für Sie?

Welche Vorteile, welche Nachteile bringt es Ihnen?

Welche Auswirkungen hat es gesellschaftlich, wenn viele dort einkaufen?

Unsere Gesellschaft

Sie treffen einen Außerirdischen, der den Auftrag hat, sich unsere Gesellschaft genauer anzusehen. Sie kommen mit ihm ins Gespräch.

Ernährung: Was hat er innerhalb kürzester Zeit bemerkt?

Wie hoch sind Lebensmittel bei uns geachtet? Wie behandeln wir unsere Nutztiere?

Welchen Stellenwert hat das Thema Essen und Kochen in den Medien?

Wie sieht der gelebte Alltag bei den Menschen zuhause aus?

Wo kaufen die „Erdlinge" ihre Lebensmittel, welche Qualität bekommen Sie in den Läden?

Welche Innovationen im Lebensmittelbereich findet er sinnvoll?

Welche Produkte bezeichnet er als „Ladenhüter"?

Was wäre gewesen wenn ... Discounter in unserer Gesellschaft niemals Fuß gefasst hätten? Beschreiben Sie die gesellschaftlichen Folgen für den Arbeitsmarkt, die Landwirtschaft, den Fleischkonsum und die Qualität der Lebensmittel.

Was läuft schief in unserer Konsumgesellschaft? Nennen Sie den Punkt im Bereich Lebensmitteleinkauf und Ernährung, der Sie am meisten stört.

Was können Sie als Einzelne/r dagegen tun?

Woran werden Sie erkennen, dass Sie Ihr Ziel erreicht haben?

Woran erkennen es Ihre Fans?

Und Ihre Kritiker?

Welchen kleinen Beitrag können Sie in puncto Lebensmitteleinkauf, Müll-
vermeidung, faire Preise leisten?

Mein nächster Schritt

Als Nächstes setze ich folgenden Schritt um:

....

....

Datum, Unterschrift ....

Bewusst-sein

„Meine Entscheidungen sind getragen von
vollkommener Zuversicht.
Sie sind erfüllt von grenzenlosem Vertrauen
in meine Fähigkeiten."

Bewusst-sein

Der Glaube versetzt Berge. Aber es hilft auch, mit dem Abtragen der kleinen Steine zu beginnen, die uns im Weg stehen! Bei Überzeugungen, Meinungen oder Glaubenssätzen handelt es sich um solche kleinen Steine. Es sind unterbewusste Lebensregeln, die unser Verhalten steuern: Sie entstehen, weil wir frühere Erlebnisse speichern und bewerten.

Bitte denken Sie zurück an Ihre Kindheit! Woran haben Sie geglaubt?

Jetzt sind Sie erwachsen, Ihr Horizont hat sich erweitert, Sie wissen mehr und haben viele Erfahrungen gesammelt. Woran glauben Sie heute?

Schuster bleib bei deinem Leisten, das war schon immer so, die besten Männer sind sowieso schon vergeben, man kann eben nicht alles haben, das Leben ist kein Zuckerschlecken ...

Welche negativen Glaubenssätze oder Überzeugungen sind Ihnen bewusst?

Angenommen, Sie verändern Ihre negativen Glaubenssätze. Was könnte sich damit in Zukunft verändern?

Welche Glaubenssätze haben Sie in puncto Ernährung?

☐ Wenn ich gesund esse, muss ich auf alles verzichten, was schmeckt und Spaß macht.

☐ Meine Familie spielt da nicht mit, darum geht das bei mir nicht.

☐ Gesund essen ist viel zu teuer.

☐ Um sich gesund zu ernähren, muss man gut kochen können.

☐ In meiner Familie sind alle dick, das liegt bei uns in den Genen.

☐ Mein Körper funktioniert auch ohne viel Tamtam in Sachen Ernährung.

☐ Ich habe viel Stress in der Arbeit und kann micht nicht auch noch um meine Ernährung kümmern.

Haben Sie einen oder mehrere Punkte angekreuzt? Welchen könnten Sie (versuchsweise) verändern?

„Wenn-dann-Sätze" können sehr hilfreich sein, um Zusammenhänge zu erkennen, die uns bisher nicht bewusst waren. Bitte bilden Sie einen solchen Satz zum Thema Ernährung und/oder Einkauf, in den Sie drei der folgenden Wörter einbauen: *Qualitätsbewusst, preisbewusst, schuldbewusst, verantwortungsbewusst, umweltbewusst.*

Bewusst-sein

Wer weniger wahrnimmt, der bekommt einen Tunnelblick.

Kennen Sie solche Menschen in Ihrem Umfeld? Bitte notieren Sie, was Ihnen an diesen negativ auffällt:

Kennen Sie Menschen, die sich entwickelt und dadurch einen weiteren Horizont haben? Was bewundern Sie an ihnen?

Mein nächster Schritt

Um meine Wahrnehmung zu erweitern, frage ich mich in der nächsten Woche gezielt vor jeder reflexartigen Handlung: Was ist sonst noch möglich? Wie wird es noch besser?

. . . .

. . . .

Datum, Unterschrift . . . .

Ihre Werte

„Meine persönlichen Werte sind der rote Faden meines Lebens. Ich lebe sie und handle danach."

Ihre Werte

Wenn Sie Ihre Werte kennen, gewinnen Sie große Klarheit, denn
Sie können sich schnell und konsequent entscheiden. Sie wissen
auch, mit welchen Themen Sie Ihre Zeit verbringen wollen – und
welche Menschen zu Ihnen passen.

Schritt 1: Ihre persönlichen Werte - Wie wollen Sie leben?

Ihr höchster Wert ist *Frieden?* Dann werden Sie sich wahrscheinlich
nicht bei der Bundeswehr verpflichten oder die Gesellschaft aggressiver
Zeitgenossen suchen!

Ihr höchster Wert ist *Ehrlichkeit?* Dann sagen Sie vermutlich Nein zu
unehrlichen Geschäften, Mauscheleien und Menschen, die „hintenrum"
agieren.

Ist *Gesundheit* Ihr höchster Wert? Dann werden Sie sich nicht ungesund
ernähren, rauchen, trinken oder jeden Meter mit dem Auto fahren, statt
sich zu bewegen.

Bitte wählen Sie nun aus der folgenden Liste (nach Alexa Mohl, 1993)
fünf bis zehn Werte aus. Es steht Ihnen völlig frei, welche. Sie dürfen die
Liste gerne mit Ihren Begriffen ergänzen!

Tipp: Markieren Sie zunächst alle Werte, die grundsätzlich in Frage
kommen. Sollten es mehr als zehn sein, dann straffen Sie Ihre Auswahl,
indem Sie Begriffe streichen, auf die Sie (notfalls) verzichten können.

☐ Aktivität	☐ Charisma	☐ Ehrlichkeit
☐ Anerkennung	☐ Demokratie	☐ Einfluß
☐ Authentisch sein	☐ Distanz	☐ Erfolg
☐ Ausgeglichenheit	☐ Disziplin	☐ Familie
☐ Bildung	☐ Ehre	☐ Freiheit

☐ Freude   ☐ Lässigkeit   ☐ Sauberkeit

☐ Freundschaft   ☐ Liebe   ☐ Selbstlosigkeit

☐ Frieden   ☐ Macht   ☐ Selbstverwirklichung

☐ Gastlichkeit   ☐ Menschlichkeit   ☐ Sexualität

☐ Geld   ☐ Mitgefühl   ☐ Sicherheit

☐ Gerechtigkeit   ☐ Mut   ☐ Sparsamkeit

☐ Geschmack   ☐ Nachkommen   ☐ Stärke

☐ Geselligkeit   ☐ Nachsicht   ☐ Tapferkeit

☐ Gesundheit   ☐ Nähe   ☐ Toleranz

☐ Glaube   ☐ Natur   ☐ Treue

☐ Gleichheit   ☐ Objektivität   ☐ Überlegenheit

☐ Glück   ☐ Offenheit   ☐ Überzeugung

☐ Gehobener Lebensstil   ☐ Ordnung   ☐ Umweltschutz

☐ Gute Laune   ☐ Persönlichkeit   ☐ Unabhängigkeit

☐ Harmonie   ☐ Pflichtbewusstsein   ☐ Unparteilichkeit

☐ Heiterkeit   ☐ Phantasie   ☐ Verantwortung

☐ Herkunft   ☐ Prunk   ☐ Vergnügen

☐ Höflichkeit   ☐ Pragmatismus   ☐ Vernunft

☐ Immobilien   ☐ Pünktlichkeit   ☐ Vertrauen

☐ Integrität   ☐ Rechtmäßigkeit   ☐ Veränderung

☐ Identität   ☐ Redegewandtheit   ☐ Wahrheit

☐ Kameradschaft   ☐ Reichtum   ☐ Weisheit

☐ Klugheit   ☐ Respekt   ☐ Weitblick

☐ Kompetenz   ☐ Rücksichtnahme   ☐ Zärtlichkeit

☐ Kreativität   ☐ Ruhe   ☐ Zeitlosigkeit

☐ Ruhm   ☐ Zugehörigkeit

Schritt 2: Bitte sortieren Sie nun Ihre Auswahl

Mein Haus, mein Auto, meine Yacht: Welche materiellen Werte sind Ihnen wichtig?

Mein Herz, meine Seele, mein Geist: Welche immateriellen Werte sind für Ihr Leben von Bedeutung?

Welche Rückschlüsse ziehen Sie aus Ihrer persönlichen Gewichtung?

Schritt 3: Welcher Ihrer persönlichen Werte hat höchste Priorität, welcher ist weniger wichtig?

Bitte legen Sie nun eine „Hitliste" an

1. ....

2. ....

3. ....

4. ....

5. ....

6. ....

7. ....

8. ....

9. ....

10.

Schritt 4: Notieren Sie bitte drei Werte, die für Ihre Zukunft bedeutsam sind

1. ....

2. ....

3. ....

Schritt 5: Wert(e)voll leben bedeutet nicht reden, sondern tun!

Welche kleinen Maßnahmen, welche Entscheidungen sind notwendig, damit Sie nah an diesen drei Werten leben?

Welche Menschen können Sie auf diesem Weg unterstützen?

Mein nächster Schritt

Mein höchster Wert erhält im nächsten Monat meine ungeteilte Aufmerksamkeit. Ich beobachte mich selbst dabei, ob ich entsprechend denke und handle.

....

....

Datum, Unterschrift ....

DANKBARKEIT

„Mein Leben ist einzigartig und gesegnet.
Dafür bin ich zutiefst dankbar."

Dankbarkeit

Dankbarkeit ist eine Frage der inneren Haltung. Sie ist Wertschätzung für das, was man hat, statt ständig zu beklagen, was man nicht hat.

Wann haben Sie zuletzt aus vollem Herzen Danke gesagt?

Worin liegt der Unterschied zwischen Dankbarkeit und Undankbarkeit?

Warum lohnt es sich, möglichst oft dankbar zu sein?

Wofür sind Sie in Ihrem Leben dankbar?

Was hat sich in Ihrem Leben im Vergleich zum letzten Jahr verbessert?

Kennen Sie einen undankbaren Menschen? Einen, der alles für selbstverständlich hält? Was genau stört Sie an ihm?

Können Sie sich an eine zunächst negative Situation erinnern, die sich im Nachhinein als positiv und segensreich für Sie herausgestellt hat? An Umstände, die sich anders als erhofft entwickelt haben, dann jedoch zu Ihrem Besten waren? Bitte notieren Sie diese:

Haben Sie schon einmal eine Entscheidung getroffen, für die Sie heute ungeheuer dankbar sind? Bitte notieren Sie diese:

Mein nächster Schritt

Ich erstelle eine Dankbarkeitsliste, die ich mir immer dann durchlese, wenn ich frustriert, niedergeschlagen oder einsam bin.

....

....

Datum, Unterschrift ....

FREUDE

„Freude und gute Gefühle
begleiten mich durch den Tag."

Teil 3: Klarheit entsteht durch Wissen. Und durch Tun!

Um Freude zu empfinden, muss man nach den guten Dingen im Leben suchen. Was macht Sie jetzt, in diesem Augenblick glücklich?

Worüber können Sie sich heute freuen?

Was gibt Ihnen Energie?

Wofür können Sie sich begeistern?

Was macht Ihnen immer wieder einen Riesenspaß?

Wann waren Sie schon einmal besonders mutig und haben Ihre Ängste überwunden? Wie haben Sie sich danach gefühlt?

Worauf sind Sie besonders stolz?

Wer liebt Sie so, wie Sie sind? Wen lieben Sie aufrichtig und bedingungslos?

Was sind die schönsten Erinnerungen, die Sie in Ihrem Leben haben?

Mit welchen Menschen Ihrer Umgebung sind Sie besonders gerne zusammen? Welche Eigenschaften haben sie?

An welchen Orten fühlen Sie sich pudelwohl? Und was passiert, wenn Sie sich in einer Situation unwohl fühlen?

Woran werden Sie in Zukunft merken, dass Sie mehr Freude als bisher empfinden? Woran erkennen es Ihre Freunde, Ihre Familie? Und was sagen Ihre Kritiker hinter vorgehaltener Hand dazu?

Mein nächster Schritt

Ab sofort achte ich aufmerksamer auf Menschen, Situationen und meine Gefühle. Immer dann, wenn ich Freude spüre, belohne ich mich mit einem Lächeln.

....

....

Datum, Unterschrift ....

Anhang

Quellenverzeichnis

[1] Alnatura Produktions- und Handels GmbH, Bickenbach, online zu finden unter `http://alnatura.de/de-de/kochen-und-geniessen/vegan-und-vegetarisch/ernaehrungsformen`, abgerufen am 04.11.18

[2] Nestlé Deutschland AG, Frankfurt am Main, unter `https://www.nestle.de/asset-library/documents/verantwortung/nestlestudie/executive_summary_studie_2012.pdf`, Seiten 7 und 8, abgerufen am 04.11.18

[3] Bayerisches Staatsministerium für Umwelt und Verbraucherschutz, München, unter `http://vis.bayern.de/ernaehrung/ernaehrung/ernaehrung\_allgemein/genuss.htm`, abgerufen am 04.11.18

[4] Albert Schweitzer Stiftung für unsere Mitwelt, Berlin, unter `http://albert-schweitzer-stiftung.de/aktuell/schlachtzahlen-2017`, abgerufen am 04.11.18

[5] Eurostat Press Office, online unter `https://ec.europa.eu/eurostat/documents/2995521/9063743/3-10072018-BP-DE.pdf/95b21d9e-d8ed-47ad-881d-318fe9bdb147`, abgerufen am 13.01.2019

[6] foodwatch e.V., Berlin, unter `http://www.foodwatch.org/de/informieren/bio-lebensmittel/mehr-zum-thema/zahlen-daten-fakten`, abgerufen am 04.11.18

[7] Tichy, Andrea: Lebendiges Wasser – Energiequell des Körpers, Quell Verlag 2016

[8] Zeit Online GmbH, Hamburg, online unter `https://www.zeit.de/karriere/beruf/2015-08/positives-denken-karriere-job`, abgerufen am 05.11.18

In eigener Sache: Ich habe mich bemüht, Zitate korrekt und vollständig wiederzugeben. Bei manchen war es trotz gründlicher Recherchen nicht möglich, die Urheber ausfindig zu machen. Rückmeldungen bitte an den Autor unter den genannten Kontaktdaten.

Dankeschön

An erster Stelle danke ich meinem geistigen Beistand, der mich immer inspiriert hat, wenn ich an meinen Texten geschrieben habe. Die erste Leserin war stets meine Frau, die mir über Jahre hinweg hierfür großzügig und wohlwollend Raum gelassen hat. Dafür ein liebevolles Dankeschön! Dank auch meinen beiden Kindern: Als ich im Krankenhaus lag, hat meine Tochter ein Fotobuch mit kleinen Texten für mich gestaltet – und damit die Idee, ein Buch zu schreiben, wieder in mir wachgerufen. Mein Sohn hat mit seinem Rezept für eine wunderbare klare Brühe einen gelungenen kulinarischen Beitrag beigesteuert.

Viele fleißige Hände, viel Ausdauer und viel Köpfchen sind nötig, bis ein Buch seinen Weg zum Leser findet:

Eine unglaubliche Fügung hat Stephanie Palm zu mir geführt, sie hat die Federführung des Buchprojektes übernommen. Mit beispiellosem Engagement hat sie konzipiert und lektoriert, das Team koordiniert und alle Fäden zusammengeführt. Damit trug sie maßgeblich zu diesem großartigen Buch bei.

Die Fotos im Buch steuerte mein Freund Ralf Loos großzügig bei. Mit seinem feinen Gespür für den richtigen Moment sind ihm wundervolle Aufnahmen gelungen. Christina Kühleis (Fotostudios Höttingen) hat die persönlichen Fotos von mir sehr einfühlsam eingefangen.

Regina Fischer-Jech setzte alle Buchgrafiken ganz wunderbar und professionell um.

Als das Buch in einer Rekordzeit von nur vier Monaten als ‚Rohling' vorlag, sorgte Dr. Ralph Berr mit seiner fundierten technischen Kompetenz dafür, dass es gesetzt und gedruckt werden konnte. Last, not least: Dr. Sabine Vetter hat als Korrektorin mit scharfem Blick Fehler ausgemerzt.

Ihnen allen von Herzen vielen Dank!

Ich hatte einen Traum. . . .

Alle Menschen, wahrscheinlich sogar Tiere,
haben Träume.
Eine schier unendliche Zahl von Träumen hat
der Planet Erde erlebt.
Träume sind so vielfältig wie die Möglichkeiten
der Tonleiter, die aus einer begrenzten Anzahl
immer wieder neue Musik hervorbringt.
Ab und zu werden Träume wahr.
So war es auch bei Hubertus, dem Titelbild dieses
Buches. Ja, Sie lesen richtig: Dieser Stein hat einen
Namen, er ist mir später eingefallen.
Und er hat eine besondere Geschichte:
Im Jahr 2018, in einer Nacht von Samstag auf Sonntag,
hatte ich einen Traum, der mich aufforderte in
den Keller zu gehen – dort sollte ich etwas Wertvolles
finden. So ging ich am Sonntagmorgen in den Keller.
und fand einen Stein.
Zuerst war ich enttäuscht, denn ich hatte mir
eine Schatzkiste erhofft.
Nachdem ich den Stein gesäubert hatte, war mir
schnell klar, daß dieser Stein eine ganz andere
Dimension hat: Für mich stand er von Anfang
an für den Begriff „Klarheit", dem Titel dieses Buches.

Klarheit ist notwendig, wenn ich als Metzger Wurst herstellen will: Dazu brauche ich verschiedene Komponenten. Zuerst brauche ich die Klarheit, welche Wurst ich herstellen will: Dies ist der rein geistige Bereich. Dann brauche ich das Rezept dazu: Wie viel Fleisch und Speck? Wie viel Eis, welches und wie viel Salz? Welche Gewürze und sonstige Zutaten? Noch immer bewege ich mich im geistigen Bereich, aber gleichzeitig ist das Rezept bereits der Übergang in die Stofflichkeit. Durch jahrelange Erfahrung oder durch Überlieferung habe ich dieses Know-how, ebenso die Klarheit, was zu tun ist.

Das bedeutet:

Ich kenne die Naturgesetze (Technologie)

die Regeln der Herstellung (Lebensmittelrecht)

und meine eigenen geistigen Gesetze (Rezept, Fleisch usw.)

An der Stelle vermischt sich Geistiges und Stoffliches. Genauso beim Herstellen der Wurst selbst, einem Arbeitsvorgang, zu dem auch noch die Intuition hinzukommt.

Wie fühlt es sich an, Schöpfer zu sein?

Durch mein Wirken entsteht sozusagen ein Geschöpf.

Denn jeder Gegenstand, jedes Möbelstück, jedes Glas ist das Geschöpf eines Meisters.

Ist mir das bewupt?

Existiert in mir dafür Klarheit?

Für mich entsteht Klarheit durch die Kombination
aus Wissen und Bewusstsein.

Wer sich zum Beispiel im Straßenverkehr der
Regeln und Gesetze achtsam bewußt ist, der
ermöglicht es sich und anderen, jedes beliebige
Ziel zu erreichen, ohne Schaden zu nehmen!

Klarheit steht im Zusammenhang mit Bewusstsein,
Klarheit entsteht aus Bewusstsein.
Je bewusster wir sind, desto leichter fällt es,
Klarheit zu erlangen.

KLARHEIT schafft FRIEDEN

Die Texte in diesem Buch unterstützen sie dabei.
Manchmal ist es hilfreich, sie mehrmals zu
lesen, um die Idee dahinter zu erkennen,
um den Zusammenhang zu verstehen.

Ich wünsche Ihnen viel Freude und Klarheit
beim Lesen.

Robert Prosiegel

ist Metzgermeister mit Leib und Seele in der fünften Generation. Sein Betrieb ist seit 2007 bio-zertifiziert und stellt momentan etwa die Hälfte der Wurstwaren aus ökologischen Rohstoffen her. So fertigt der leidenschaftliche „Wurst-Entwickler" mit „belebtem Wasser" und ohne E-Nummern; auch vegetarische Produkte wie der „Vetschie" gehören dazu.

Als Mitglied der „Slow Food"-Initiative setzt sich Robert Prosiegel seit Jahrzehnten für nachhaltige Lebensmittel, Tierschutz und faire Wirtschaftskreisläufe ein.

Als Vordenker einer ethisch verantwortlichen Kombination von Landwirtschaft, Viehzucht und Metzgerei fordert er ein Umdenken - weg von Massentierhaltung und Industrieware, hin zu artgerechter Haltung und handwerklicher Qualität.

Sein Credo ist: „Sich die Erde untertan zu machen, ist eine verantwortungsvolle Aufgabe. Der Respekt vor dem Tier und der Schöpfung muss Metzgern und Verbrauchern wieder bewusster werden."

Nähere Informationen zu seinen Aktivitäten finden Sie auf seiner Webseite. Er freut sich über Anregungen und Kontakt!

Robert Prosiegel
Felder Str. 10
91801 Markt Berolzheim
Tel.: 0049/(0)9146/2 33
www.metzgerei-prosiegel.de
metzgerei@metzgerei-prosiegel.de